Brand
Communications and
Advertising

ブランド・コミュニケーションと広告

雨宮 史卓 著

八千代出版

序にかえて

　マーケティングのフレームワークの一要素である「広告」、および製品戦略の一領域を越え、独立した領域を築いている「ブランド」に対する研究の重要性がますます高まってきている。テレビを見ない日はあっても広告を見ない日はないといっても過言でないくらい、一人の消費者が一日に接する広告の量は数多い。もはや、広告は生活の一部であり、かつてのように一方的に排斥する傾向は影を潜めたようだ。現に、広告は当該ブランドそれぞれのメッセージを考案し、消費者に対して連日発信し続けている。そのコミュニケーション活動の課題は次の二点に凝縮できると思われる。

（1）　新たな製品・サービスを発売する際に、どのような広告活動によって消費者に認知されるべきかを検討する。当然、そのブランドを市場導入した後に、どのように育成していくかという観点を考慮しながら広告戦略を立案しなくてはならない。
（2）　既存ブランドを強化し、さらに当該ブランドを拡張する場合、どのような広告活動を行うべきかが企画されなくてはならない。

　近年では、マーケティング戦略の中で、ブランド・マーケティングという新たな領域が築かれている。その活動がブランドを基点として行われ、ブランドを構築・育成するための活動であるとするならば、広告もブランドを中心として行われるコミュニケーション活動としてとらえなくてはならない。
　そのため、本書は広告戦略とブランド・コミュニケーションに焦点をあてる。既存のマーケティング戦略における広告は、商品告知や販売促進を

目的としていた。つまり、短期間に広告を集中投下し、顔の見えない大衆に対して知名率と認知率を向上させ、当該ブランドの理解と拡張に結び付けようとする戦略である。しかし、ブランドとは顧客が多数存在することにより、初めて相対的なブランド価値が向上する。顧客がブランド価値を認め、長期間にわたり購入し続けてこそ、企業は安定する。したがって、ブランドは顧客に提供して効率的に売上・利益拡大をさせるものとしてとらえるべきではない。

最近では、社会的見地からのマーケティング研究も数多く発表されている。企業は、必ずしも短期的な利潤極大化を目指すのではなく、中長期的に顧客との相互関係の中で、持続可能な発展の道筋を模索していくべきとの論調が主流となりつつある。ブランド・コミュニケーションも顧客との相互関係の中で、ブランドを構築・育成させることを考え方の主柱としている。すなわち、ブランドは、経済交換における利益拡大のためのツールとしてとらえるのではなく、企業と顧客が共通の価値観を共有する対象としてとらえるのである。このことを考慮すると、広告の概念も当然、変わってくる。ブランド・コミュニケーションにおける広告の役割は、販売促進等を目的とするのではなく、顧客に対して企業が立案するブランド・アイデンティティへの理解を促し、当該ブランドへの共感者を創造する手助けをすることにある。

以下はこれまでのさまざまな研究を基に、ブランドと広告の概念を分けて考えてみる。

「ブランドとは何か、なぜブランドは重要なのか」

数世紀もの間、ブランドとは、ある生産者の製品を他の生産者の製品と区別するための手段であった。事実、「ブランド」という言葉は「焼き印を付けること」を意味する「brandr」という古ノルド語から派生したものである。現在もそうであるが、ブランドは家畜の所有者が自分の家畜を

識別するために付けた印であった（ケラー（2001）『戦略的ブランド・マネジメント』東急エージェンシー出版部）。

　また、中世の陶器師は自分の作品の偽物が出回るのを防ぐために、陶器の底の粘土が乾いていない段階で、他人が模倣できないような独自のサインやマークおよび自分の指紋等を入れたといわれる。現代でも絵画や彫刻といった芸術作品には作家のサインが付与されているが、これは当該作品の作者が独自性と所有権を主張するためのものである。したがって、その目的と起源は家畜の所有者や陶器師たちの発想と変わらないことになる。

　アメリカ・マーケティング協会によれば、ブランドとは、「ある売り手のあるいは売り手の集団の製品およびサービスを識別し、競合他社の製品およびサービスを差別化することを意図した名称、言葉、サイン、シンボル、デザイン、あるいはその組み合わせ」である。この定義に従い、ブランドを簡潔にいえば、「自社企業と競合企業の製品・サービスを見極めるための商標」としてとらえることができる。日本市場におけるメーカーも他企業と自社企業を見極めてもらうために、商品にさまざまなラベルを貼ったり、特徴あるロゴマークを考案したり、親しみやすいブランド・ネームを作り出す努力をしている。

　しかし、とりわけ日本市場の多くの消費者はブランドを「商標」として認識していない。おそらく、「有名なもの」「高級品」としてとらえることが一般的であろう。現に、日常会話においてブランドという言葉はたくさん使われている。たとえば、ある人が友人や知人のバックに興味を持ち、「素敵なバックですね。それ、どこのですか？」と聞いたとする。「〇〇〇〇です」と知人が、そのメーカーの名前を答え、「凄いですね。ブランドものですね」と返答したとしたら、この状況でのブランドにはどのような意味が込められているのであろうか。おそらく、「高価な商品」、「高級な商品」、「誰しもが知る有名なメーカーの商品」、および「ステータス」等の意味とブランドを同義語化していることが想定される。このように、多

くの消費者は意識するか否かは別として、ブランドを「高級、有名」といった意味合いで認識して日常で用いているのが現状である。この背景には日本の消費者のNB（ナショナル・ブランド）への信頼が高いことが上げられるのは言及するまでもない。

　1990年代から現在に至るまでのわが国の景気後退期には、デフレーションに陥り、消費者の低価格志向は強まるばかりである。メーカーは価格競争を余儀なくされ、広告費の減少や広告表現、メディア戦略の見直しを迫られることになる。そのため、価格競争に変わる新たな競争次元を探求しようとする動きが活発になり、ブランドの概念がマーケティング戦略上で重要課題として注目されるようになったのである。価格競争を回避できるプレミアム製品やサービスとは何か、ブランド・イメージやブランド・ロイヤルティを長期的にどのように構築すればよいのか。マーケティング戦略の中でブランド・マーケティングに正当な位置と役割を与えることが急務とされた。つまり、マーケティング競争をブランド競争として展開するためには、メーカーにとって最も価値ある資産の一つとしてブランドを認識することが必要となってきたのである。

　一方、製品を流通させている小売業者にも、ブランドは多くの重要な機能を果たしている。消費者が、その店舗にしかない特定のブランドや製品を期待するようになってきている。たとえば、チェーン・システムを核とする大規模小売業の力は、消費者のストアに対する忠誠度や信頼度を強力にしている。PB（プライベート・ブランド）製品は、そういったストアの信頼度を基盤として開発されている。現に、PB製品のほとんどが、当該ストアの名称を付けて陳列されている。特に食品の領域では、スーパー・マーケットやコンビニエンス・ストアは製販同盟を通じて事実上、惣菜・中食の食品製造業を系列化している。消費者はメーカーのブランドよりもストアの信頼を購入している状況にある。すなわち、製造業からの発想であった、元来のブランド・マーケティングのコンセプトは変貌を余儀なくさ

れている。このことからも、今後ブランド・コミュニケーションの概念がいかに重要な要素となるかが認識できる。

「時代を映し出す広告」

広告は今も昔も時代を反映する鏡であると表現する人が多数いる。しかしそれは、学校や職場でテレビCMやそのコピーが話題になるという単純なことを意味するわけではない。広告は常に生活する人々の願望や欲求とともに存在し、その時代における人々の欲求の変化やトレンドの変化とともに広告もその姿を変化させている。また、広告の内容、そして役割・機能は同じ時代でも国によって、地域によってさらに細かく変化していく。

たとえば、日本市場のモノだけを見ても、かつての三種の神器以降、経済成長や人々の欲求の上昇に合わせてさまざまなブームが沸き起こってきた。平成の時代になってからは、カーナビ、パソコン、携帯電話を平成三種の神器と呼ぶ人さえいる。これらの商品は昔でいえば、特撮やアニメの中のヒーローが使用する架空のモノであった。それが、現実となり必需品になりつつある。これも企業のマーケティング努力の賜物である。

さらに近年は、モノから心へ、つまりモノがもたらす豊かさが飽和して、気分や経験、理想の人のライフスタイルさえも人々の欲求の対象である。広告は人々の欲求を念頭に創造され、人々の欲求を刺激する。広告にイメージ・キャラクターといわれるタレントやスポーツ選手がよく登場するのはそのためである。消費者自身はいくら憧れても、広告塔になっているスポーツ選手やタレント本人になれないことは知っている。そのため、「セレブ」「アスリート」といった抽象的イメージの用語がマスコミによって創造される。抽象的であるが故に受け手にとってそのイメージはさまざまである。これは、セレブやアスリートと称される人々が推奨している商品を消費者が購入することで、憧れの人のライフスタイルに少しでも近づけると思わせる戦略である。その意味でも、広告は人々の夢や欲するものを

創造するコミュニケーション活動であるといえる。

　当然、人々の欲求はその時代を生きる人々の暮らしの中に存在する。したがって、広告も人々の暮らしに密接に関わっている必要がある。つまり、広告を研究領域とする場合、単に消費者や広告を眺める視聴者としてだけでなく、生活者としての実態をよく知ることが必要である。人々の暮らしや生活者の価値観が多様化する中で、広告の研究も幅広く、高度になってきている。マーケティングのフレームワークの一要素にとどまらず、今や新製品開発や町おこしを含め、かなり多岐に渡る。

　ところで、現在の日本経済は不景気の真っ只中にある。このような状況下では企業の効率化が第一義とされ、広告費も削減される傾向にある。かつては、「不況の３Ｋカット」といわれ、交通費、交際費と同次元で処理された時代もある。しかし、広告費をたとえ経費としてとらえても他の二つの経費と同次元で考えるべきではない。なぜなら、広告には累積的効果があるので、中長期的視野に立つことが重要である。そのためにも、広告費は経費ではなく投資的意味合いを持つものとしてとらえるべきである。にもかかわらず、３Ｋとして処理された場合、その背景には売上高に対する広告費の効果に何らかの問題点が内在していることを、広告主が強く意識していると考えられる。このような状況は、景気後退による企業の業績悪化に起因するとされるが、消費が低迷するときこそ広告により需要喚起を創造し、新たな理論構築はできないものか。景気のよい状況のときにだけ、追い風として、さらなる需要喚起を促し、ブームを創造するためのものであるのか。ここにブランド・コミュニケーションにおける広告に対する多様な研究の可能性が生まれると思われる。

　本書の執筆にあたっては、多くの方々からの教えと啓発を受けた。
　梅沢昌太郎先生（日本大学大学院商学研究科客員教授）には、大学院以来、指導教授として長年にわたり暖かく御指導をいただいてきた。根田正

樹先生（日本大学商学部教授）には、公私ともにお世話になり、専門領域は異なっても、研究上の壁に直面したとき、迷路に足を踏み入れたとき、幾度となく進むべき方向を教えていただいた。また、樋口紀男先生（日本大学商学部教授）には、学会や研究会を通して有益なアドバイスを数多くいただき、その教えは本書でも活かされている。先生方からの学恩は言葉で尽くすことができない。暖かく研究生活を見守っていただき、改めて感謝の気持ちを表したい。

　最後に、編集の労をとってくださり、困難な要望を受けていただいた大野俊郎氏（八千代出版株式会社・代表取締役）に対して心よりお礼を申し上げたい。

　平成21年1月

雨宮　史卓

目　　次

序にかえて　iii

第1章　ブランドの基本的概念と種類 ─────────── 1
第1節　ブランドの基本的概念　1
1　ブランドの定義　1
2　資産価値としてのブランド概念　3
3　競争優位の源泉としてのブランド概念　5
第2節　ブランドの種類と差別化の手段　7
1　ブランドの種類　7
2　コンフリクトの源泉としてのブランド（NB vs PB）　9
3　製品差別化の究極手段としてのブランド　11

第2章　ブランドを軸としたマーケティング戦略の展開 ────15
第1節　ブランド・エクイティの有効性　15
第2節　ブランド・エクイティを考慮したマネジメントの重要性　17
第3節　広告コミュニケーションからとらえたブランド・エクイティ　20
第4節　企業にとってブランドを拡張することの意義と目的　24

第3章　広告コミュニケーションと高価格製品のブランド化 ───31
第1節　プロモーション活動の一要素としての広告　31
1　消費者行動と広告　31
2　広告コミュニケーションの基本的な考え方　32
3　マーケティング・マネジメントとプロモーションの関係　34
第2節　高価格製品におけるブランド戦略と広告の機能　39
1　高価格製品と認知的不協和　39

２　広告コミュニケーションの今後の課題　43

第4章　コモディティ製品のブランド化──────────49
　第1節　コモディティ製品の特徴　49
　第2節　現象としてのコモディティ化　52
　第3節　コモディティ製品のブランド戦略　53
　第4節　ブランド・イメージと広告コミュニケーション　57

第5章　インタラクティブ・マーケティングにおける
　　　　経験価値とブランド概念────────────65
　第1節　経済価値としての経験価値　65
　第2節　総称ブランドと経験価値　69
　第3節　インタラクティブ・マーケティングにおける
　　　　　経験価値の重要性　74

第6章　製品ライフサイクルとブランド・ライフサイクル────81
　第1節　製品の基本的概念と類型　81
　　１　製品の基本的概念　81
　　２　製品の類型　82
　第2節　製品ライフサイクルとブランド・ライフサイクルの比較　85
　　１　製品ライフサイクルとその各段階の戦略　85
　　２　ブランド・ライフサイクルのとらえ方　88
　　３　ブランド・ライフサイクルにおける成長期・成熟期の戦略　91

第7章　サービスに対するブランドの役割──────────99
　第1節　サービスに対する消費者行動　99
　　１　消費行動と購買行動　99
　　２　消費者行動における、商品と製品・サービスの違い　103

3　サービスの特徴　　106
第2節　サービス産業とストア・ブランド　　108
　　1　サービス産業におけるブランドの役割　　108
　　2　ストア・ブランドの重要性とその構成要素　　111

第1章

ブランドの基本的概念と種類

第1節 ■ ブランドの基本的概念

1 ブランドの定義

　ブランドについては、競争と財務の二つの視点から理解することが重要である。財務については後述するが、ここでは、まず、競争の視点からブランドを「名前、用語、サイン、シンボル、デザイン、あるいはそれらの組み合わせであり、ある売り手の商品を競争者から区別する目的でつけられたもの」[1]と規定する。すなわち、ある顧客にとって、その製品・サービスの名前やデザイン等にふれた際に、それらにまつわるさまざまなイメージができ、同時に他の製品と区別ができた時点でブランドと呼べるであろう。企業側の視点に立てば、顧客の需要を創造し確保する役割を担う競争優位の源泉となった時点が、ブランド確立時といえる。したがって、ブランドは特定の製品・サービスを表す、またはそれらのまとまりを表す固有名詞として示すことができ、製品の物理的機能を示すものではない。

　このことは特定の製品を想像すると理解しやすい。製品は基本的機能だけ備わっていればよいわけではない。むしろ、企業はいかに競合製品と差別化をはかるかという付加機能で勝負しているといっても過言ではない。たとえば「車」という製品は、動いて人や荷物を運ぶという必要最低限の働きが基本機能であり、「バッグ」は小物や書類などを入れて手軽に持ち

運びを可能にするのが基本機能である。したがって、紙袋でも高級ブランドのバッグでも基本機能に差がないことになる。

これに対して、消費者側はスタイル・デザインが自分好みであるとか、当該ブランドにステータスを感じるといった付加機能の方を重視する傾向にある。そればかりか販売店のディーラーの対応が好印象であったとか、アフターサービスが充実しているなどの要素を重視する消費者も存在する。すなわち、「製品＝基本機能＋付加機能」という公式が成り立つのである。むしろマーケティング力が発揮されるのは、スタイル・デザイン、ブランド名などの製品の物理的機能に関係ない製品イメージの領域である。とりわけブランド概念に関しては、ブランド・エクイティの概念が浸透したことにより、ブランド戦略の重要性が高まり、今日では製品戦略の一領域にとどまらず独立した領域となっている。また、日本市場における消費者のブランドに対する関心はとても高く、企業がいかにパワーのあるブランドを構築するかが大きな課題となっている。

それではブランドとして成立するための意義は何であろうか。顧客の視点からブランドを考察すると次の二点に凝縮できる。

一つは、最低限の品質保証である。今日のように情報過多になった時代には、顧客の一人一人が製品の大量の情報を処理するのは不可能である。特定ブランドの評判や名声を情報として蓄積していれば、たとえ購入しようとしている製品に十分な知識がなくても、そのブランドの信頼性が一つの指針として大きな役割を果たしうる。

もう一つは、そのブランドの製品を所有することによって顧客満足度が上昇するという点である。たとえば、単純に基本機能としてのバッグを購入するのであれば、「ルイ・ヴィトン」を購入するのは経済的合理性の点では反している。しかし、このブランド名が一定の顧客に対して、ハイセンスあるいはステータスといったさまざまな価値を与えているのである。確かに、品質が顧客に認められてこそではあるが、一定の品質が確保され

た上では、同品質であってもルイ・ヴィトンの名が付与しているものと、そうでないものとの価格差はきわめて大きい。この製品価格には、無形であるブランド名が顧客の満足度を満たしたことについての代価が含まれていることになる。

また、これら二点が達成できれば、企業にとってのブランドは、識別手段にとどまらず、他企業の参入障壁になったり、他の製品カテゴリーへの参入手段ともなりうるのである。

2　資産価値としてのブランド概念

上述のごとく、二つ目の視点として、ブランドには財務的視軸に基づく理解も可能なのである。それは、「識別でき、測定できる資産」という定義に集約できよう。そこではブランドは売買したり、開発したり、終結されうるものであり、知的所有権（たとえば商標、特許権、著作権、デザイン）などは本質的な財産であると認識され、その所有者には権利が与えられている[2]。欧米では、ブランドを企業間で売買することが少なくないために、ブランドの資産価値を財務的に表す必要も生じてきたのである。したがって、企業にとってブランドは土地や建物と同様に資産として扱われ、その水準を財務的に評価する概念が生まれた。これが、ブランド・エクイティである。

日本と違い欧米では、M&A（企業買収）を通してブランドが日常的に取引されている。とりわけ、1980年代は企業買収が活発に行われた時代であり、短期間にいくつかの企業を渡り歩いたブランドも存在する。たとえば、モエ・ヘネシー・ルイ・ヴィトン（LVMH）はファッション＆レザーグッズの分野だけでなく、ウォッチ＆ジュエリー、ワイン＆スピリッツ、パフューム＆コスメティックス等、さまざまな分野の高級ブランドを傘下におさめている[3]。この戦略は、買収したブランドのデザイナーやスタッフを獲得したかったわけではなく、当該ブランドに対する集客力を獲得して、

優位にマーケティングを遂行しようとするものである。そのため、獲得したブランドにはルイ・ヴィトングループが運営しているのにもかかわらず、元来のブランド・ネームが活かされルイ・ヴィトンの名前はいっさい、付与されていない。したがって、ルイ・ヴィトングループが運営しているブランドだと知らないで、顧客に購入されているブランドも数多く存在するのが現状である。

　ブランド・エクイティは、一例として「一つのブランド・ネームやロゴについて形成・蓄積された無形の正味資産を指す」[4]と定義される。また、ファクハー（P.H.Farquhar）は「ある所与のブランドが製品に対して付与するところの付加価値（added value）」[5]と定義している。ここでいう製品とは、機能的便益を提供する何ものかのことであり（たとえば、歯磨き粉、生命保険契約、自動車）、これに対して、ブランドとはそのような機能的な目的を超えて製品の価値を強化するところの名前、シンボル、デザイン、ないしはマークのことを指している。アーカー（D.A.Arker）によれば、「ブランド・エクイティはその名前やシンボルと結びついたブランドの資産と負債の集合」であるとしている。さらにアーカーは消費者心理の中で形成させる資産を次の五つの要素にまとめている[6]。

①ブランド・ロイヤルティ（顧客がブランドに対して有する執着心の測度）
②ブランド認知（あるブランドがある製品カテゴリーに明確に所属していることを潜在的購買者が認識あるいは想起する能力）
③知覚品質（ある製品・サービスの意図された目的に関して代替製品と比べた、全体的な品質ないし優位性についての顧客の知覚）
④ブランド連想（ブランドに関する記憶と関連しているすべてのもの）
⑤その他の所有権のあるブランド資産（トレードマーク、パテント、流通チャネル）

　以上において、共通して考えられるのは、ブランド・ネームやシンボル

等に付着し、ブランド知覚、ブランド・ロイヤルティ、知覚品質、ブランド連想を含む資産ないし物理的資産を超えた価値がブランド・エクイティに他ならないということである。それは当該ブランド・ネームを持たない場合よりも大きな売上高やマージンを企業に獲得させ、競争の視点からすれば、競争企業に対する強力かつ持続的な差別優位を与えるものである。

近年、日本でもブランド・エクイティの概念が重要視される背景には、上述の五つの要素が企業と顧客を結ぶ指標になりうると考えられるからである。現在のように市場が飽和している状況下では、企業は既存のマーケティング戦略で市場シェア獲得を念頭に置くのではなく、顧客の中に占める自社ブランドのシェア、ポジショニングを高めることを念頭に置く。したがって、自社のブランド・イメージがいかに顧客を魅了し、指名購入を促せるかが課題となる。そして、リピーターとなってくれるロイヤルティのある顧客を創造することを目指すのである。

3 競争優位の源泉としてのブランド概念

ブランド名が市場において長期間定着し、多くの消費者に認知されると、ネーミングだけで競争優位性が発揮される場合がある。それは、高価格商品にとどまらず、日常品にも及んでいる。このことは、日常に使用している身の回りの商品群を想定すると理解しやすい。たとえば、「ビールといえば」、「コーヒーといえば」、「風邪薬といえば」、あるいは、「うがい薬といえば」、というように何かの商品群を問い掛けてみると、特定のブランド名が思い浮かぶはずである。この場合、特定市場において製品名とブランド名が同義語化されていることを意味する。

実例をあげると「車」とは製品名であり、これに対して各メーカーが創造した個々の車種のネーミングがブランド名になる。たとえばホンダのステップワゴン、トヨタのクラウン、スバルのレガシィ、輸入車であればアウディ、ベンツ、BMW等がそれにあたる。

ところで、「絆創膏」という製品名を聞いたときに消費者は、どんなブランド名を想定するであろうか。おそらく、日本市場においては、圧倒的に「バンド・エイド」を思い浮かべる消費者が多いと思われる。そればかりか、ある人が膝や指にケガをしたときに、薬局やドラッグ・ストアに「絆創膏」を買いに行こうと思うか、「バンド・エイド」を買いに行こうと思うかでは、バンド・エイドというブランド名を頭に描いて買物に行く消費者の方が多いのではないだろうか。しかし、バンド・エイドは「ジョンソン・エンド・ジョンソン社」というメーカーが創造したブランド名であり、他企業はこのネーミングを使用することはできない。バンド・エイドというトップ・ブランド以上に別のネーミングを消費者の頭の中に定着させるためには、気の遠くなるような年月と莫大なプロモーション・コストが掛かることになるのは明白である。したがって、ジョンソン・エンド・ジョンソン社は絆創膏を製造している他のメーカーよりも圧倒的な競争優位性をブランド名によって発揮していることになる。

　このように、特定市場において製品名とブランド名が同義語化されて、長期にわたり市場シェアでトップのブランドを、定番ブランドあるいはロングセラー・ブランドと呼んでいるが、その他にも数多く存在する。たとえば、薬品のカテゴリーでは「イソジンうがい薬」、「正露丸」、その他のカテゴリーでは「ホッチキス」、「サランラップ」、「宅急便」などが代表的なものである。したがって、圧倒的シェアを誇るトップ・ブランドを所有する以外のメーカーは何らかの対抗策を講じる必要に迫られる。

　絆創膏の製品カテゴリーを例にとると、バンド・エイドに対して競合メーカーは同等の品質の製品がより低価格で入手することを前面に打ち出した戦略、すなわち、価格協調型マーケティング戦略を強いられる。具体的にはバンド・エイドに隣接した棚を店頭で確保し、消費者が価格、ブランド、量等を比較・検討して購入してくれるのを待つわけである。多くの消費者は、絆創膏のカテゴリーにおいてバンド・エイド以外のネーミングを

認知していない。したがって、バンド・エイドを求めて店内に入り、同じ品質、製品用途でありながら低価格であることが目に入れば購入する可能性が出てくる。消費者が大規模なドラッグ・ストアに入店し、同じ棚の位置に、「同じ効果で、この価格！」といったPOP広告を目にしてブランド選択を迷っている状況下を想定されたい。これは、低価格を訴求することによってトップ・ブランドに対抗する戦略によるものである。

第2節 ■ ブランドの種類と差別化の手段

1 ブランドの種類

　一口にブランドといっても、市場にはさまざまな製品・サービスにブランド名が付いているわけだが、誰がブランドを設定するのかで、その種類が下記のように分けられる。

（1）ナショナル・ブランド（national brand：NB）
　メーカーが設定するブランドの製品は、流通チャネルを開拓し、自社の製品を仕入れる小売業者・卸売業者を獲得することによって、全国的に広くチャネルを拡大できる可能性を有している。通常は大規模なメーカーが開発した製品で、独自にその名前、マーク、品質、コンセプトなどを設定して消費者に提供する製品である。メーカー・ブランドは全国的に認知される可能性があり、単一のブランドで売られることからナショナル・ブランドと呼ばれている。メーカーはそのブランドを直接に消費者に訴求して信頼や名声を得て認知されると、小売店が他社製品やプライベート・ブランドを推奨したとしても、消費者に指名購入をされることが期待できる。

(2) プライベート・ブランド（private brand：PB）

　メーカーによるナショナル・ブランドに対し、PB製品とは、流通業者が個別に開発したもので、独自の品質、ブランド名、マーク、ロゴ、パッケージ等を有している。流通業者はメーカーや加工業者に製品を作らせたり、自ら加工した製品にブランドを付したりしている。全国の市場をターゲットとしているナショナル・ブランドでは、さまざまな地域や多岐にわたる階層の消費者の需要に必ずしも適合しない場合があるため、自店の顧客ニーズに合わせた独自の品質・イメージの製品を開発し販売する際に生まれる。この推奨により、流通業者はメーカーの市場支配から逃れて自己管理の下にマーケティングを展開でき、より適切な品質の品をより安く、より良いサービスで販売することが可能となる[7]。

　また、近年は服飾小売店形態の一種であるセレクト・ショップが増えている[8]。セレクト・ショップは本来、一つのブランドや特定のデザイナーの製品を販売しているわけではなく、当該店舗のコンセプトやバイヤーの主観に基づき仕入れがなされ、陳列・販売されている。そのため、顧客には知られていないブランド等の製品も入手することができる。一般的には、服飾を扱う小売店のことをセレクト・ショップと呼ぶが玩具や雑貨を扱う小売店も存在する。これらを考慮するとセレクト・ショップは製造者の製品を独自に仕入れて販売するわけであるから、NB製品を取り扱うことになる。セレクト・ショップが顧客のニーズを確実に満たし集客力が増し、ストアとしてのブランド力が定着すると、そのストアに対する顧客の信頼度は強固なものになる。この状況下で顧客は陳列された個々のブランドを選ぶのではなく、自分が信頼するストアが選んだ製品であれば、安心と思い購入している。すなわち、当該ストアで購入することが顧客にとってステータスとなる。したがって、最近ではセレクト・ショップが独自に自社コンセプトに適合した製品を企画・製造していることも多々ある。そのため、セレクト・ショップではNB製品とPB製品が混合して陳列・販売さ

れている。

(3) ジェネリック・ブランド（generic brand：GB）

ジェネリック・ブランドとは、その製品に独特のブランド、ロゴなどを付けず、きわめて簡素な包装で、普通名詞で販売される製品である。製品の品質においては、流通業者が介在するので、ある程度のオリジナリティは発揮されることになる。しかしながら、PB 製品と違いジェネリック・ブランドの場合、たとえば石鹸、洗剤，砂糖というような普通名詞がパッケージに表示されているだけであり、ブランド面に個々の流通業者のオリジナリティが発揮される余地は、ほとんどないといえる[9]。GB 製品の主要な特色は次のように考えられる[10]。

・低価格であること
・自社の仕様書による製品開発と発注を行っている
・不要な手間やコストを掛けず、その分価格を下げている
・広告宣伝を原則として行わないで、店頭での展示販売を主体としている
・包装のデザインを簡略化し、簡単にする（ノーフリル）。さらに製品グループとして同一のパッケージ・ポリシイを確立している
・直接製品開発をすることによって流通経費が節約できる

などである。

2　コンフリクトの源泉としてのブランド（NB vs PB）

PB 製品は NB 製品に対する価格戦略を明確に意識したものである。現実として、開発費や広告費のコストの負担がない PB 製品が NB 製品よりも安価で提供できるのはあたりまえである。また、大規模なメーカーによって製造された製品は、流通の末端までメーカーの系列化がなされ、容易に廉価販売がされない場合がある。このような背景から NB 製品は、知名

度や品質面の信頼は高いが、価格が下がりにくくなっている。今までは、NB 製品は PB 製品に対して小売業のマージンは低いが、多く売れれば利益額は確保してきた。しかしながら、昨今のような景気後退期には、消費者の低価格シフトが顕著となり、PB 製品が注目されてきている。

　流通業者にとって NB 製品とは経営におけるプラス面とマイナス面の相反する側面を持っている。小売業者は知名度の高い NB 製品を店頭に陳列することにより、消費者を当該店舗に引き付けることができる。とりわけ規模の大きいチェーン店では、NB 製品を前面に押し出して、マーチャンダイジングを計画したり、プロモーション活動を企画する傾向にある。歳末大売り出し等のチラシ広告はその典型例である。消費者は知名度のある NB 製品が、どれぐらい割引されているかを調べて買い物に行く。逆に、知名度のない製品は安くて当然と思う傾向にあるので購買意欲を掻き立てない。しかし、メーカーの流通支配力が強いと、流通業者としては価格や製品の仕様について自店に適した製品を開発したいという望みが出てくる。そのため、小売業の規模が大きくなったり、消費者からストア名が名声を得ると PB 製品を開発することになる。上述のセレクト・ショップはその好例である。

　製品の類型に関しては後述するが、消費者の製品選択傾向を考えてみる。一般的な傾向として、セレクト・ショップやその他の専門店で購入する専門品・買回り品は、それぞれの好みや個性に合った高品質志向であり、最寄り品・日用品は、利用する機能や使用頻度の関係から低価格志向である。例をあげれば、情報機器や家電製品などは耐久年数、使用期間も長く、一般的に高価格であるので購入後も製品の品質が保証され、知名度の高い NB 製品を購入する傾向にある。これに対し、低価格で販売でき、粗利益幅の大きい製品として PB 製品が増大している製品カテゴリーがある。とりわけ、食品業界の PB 製品の普及率の増大は顕著である。食料品の場合、単価が低く、またそれほどブランド・イメージに左右されないという特性

を有しているために、PBには非常に適した製品である。現に、コンビニエンス・ストアやスーパーマーケットでは中食のパッケージやドリンク類のボトルに当該ストアのロゴが付され、他の食品メーカーのそれらよりも安価で販売されている。

3 製品差別化の究極手段としてのブランド

ところで、ブランド・エクイティの考え方は、本章第1節-2から理解できるように、ブランドには土地や建物と同様に価値があり、ブランドは所有者の資産の一つであるという発想を出発点としている。ブランドが付与されているときのキャッシュフローと付与されていないときのキャッシュフローの差を考えてみると理解しやすい。たとえば、世界の製菓市場をリードするマース・バー[11]に対抗して、競合者が味、価格、見た目でマースと変わらないものを作る能力がありながら、競争できないでいるのは、マースが競合者のブランドにはない何かを持っているからである。消費者はマース・バーのブランドが示す価値の組み合わせが市場において他のどの製品とも違っていることを認識している[12]。

また、PB対NBでいえば、米国において20の製品カテゴリーにおいて消費者の約40％がPB製品はNB製品に対して、等しい品質かそれ以上であると知覚している。しかしながら、全体の9％の消費者しか、PB製品に対してNB製品の価格と同じ、あるいはそれ以上の価格を支払うつもりはないという調査結果も出ている[13]。これらの差別化は、製品の有形の側面（味、見た目、価格）により達成されるのではなく、包装、名前、シンボル的側面およびブランドの独自性のような無形の要素によって達成されるのである。この調査結果は、日本市場における食品業界とは大きく異なる結果といえる。

このように、ブランドは製品の差別化の究極にある。消費者は無形の要素であるブランドを認識することによって、他社の製品より高い価格で購

入し、優先的な選択をするケースがある。また、ブランド・エクイティが確立した製品を選択すれば購買行動におけるコストばかりでなく、買い物をする際の不安や時間も削減できることも見過ごしてはならない。

　ブランド・エクイティは個々の消費者レベルで考えることもできるし、消費者を統合して考えることもできる。また、ブランドを資産として考えるとき、当然正と負の資産が考えられる。資産を育成することも、逆に喪失してしまうこともあるのである。かつて、コカ・コーラが味の変更を行ったときにアメリカの市民が示した反応は、コカ・コーラのブランド資産の正と負の資産の大きさを示している[14]。このように現在はブランド価値が高くても、消費者に対するブランド・マネジメントを怠ると、将来の保証はなくなってしまうのである。

　わが国においてコカ・コーラは、1994〜1995年に価格破壊の嵐が日本の小売業の間を吹き荒れたとき、38〜48円というようなPB化した製品が、大手小売業によって輸入販売され、少なからぬ影響を受けた。しかし、そのブランド・アイデンティティを守り抜くことで、地位を保つことに成功した。結局PBコーラは市場に根付くことはなかった。それは、コーラという飲物のベネフィットをコカ・コーラというブランドと同期化して消費者に再認識させることに成功したからである[15]。このことは、ブランド・マネジメントを怠らなかったとされる企業の好例であると思われる。

■ 注
1) Kotler（1991）村田監修（1996）p.425
2) Oliver（1993）福屋訳（1993）p.7
3) 詳しくは、http://www.louisvuitton.com/web/flash/index（平成20年12月1日アクセス）「Louis Vuitton　会社概要」を参照。
4) 久保村・荒川監修（1997）p.281
5) Farquhar（1989）青木幸弘訳（1993）p.29
6) Arker（1991）陶山・中田・小林訳（1994）p.20
7) 久保村・荒川、同前掲書、p.280
8) セレクト・ショップに関しては、㈱トゥモローランド http://www.

tomorrowland.jp/（平成20年12月4日アクセス）、㈱ビームス http://www.beams.co.jp/（同日アクセス）を参考にした。
9）野口（1991）p.28
10）梅沢（1991）p.142
11）1932年に発売されて以来、マース・バーは世界の製菓市場をリードする立場にあった。そのブランド価値の組み合わせは、国境や文化を越えて、消費者にアピールした。
12）Stobart（1994）岡田訳（1996）pp.229-258参照。
13）Business & Industry（1998）p.7
14）河野・村山（1997）p.280
15）平林（1998）p.59

■ 参考文献

雨宮史卓（2001）「ブランドの価値と創造的可能性」『マーケティング・ソリューション』白桃書房

雨宮史卓（2002）「産業構造の変化とブランド概念の進展」『マーケティング流通戦略』白桃書房

雨宮史卓（2008）「消費者の購買行動の変化とブランド・マーケティング」『コミュニケーション・マーケティング』白桃書房

梅沢昌太郎（1991）『食品のマーケティング』白桃書房

河野昭三・村山貴俊（1997）『神話のマネジメント──コカ・コーラの経営史』まほろ書房

久保村隆祐・荒川祐吉監修（1997）『最新商業辞典』同文館出版

野口智雄（1995）『価格破壊時代のPB戦略』日本経済新聞社

平林千春（1998）『実践ブランド・マネジメント戦略』実務教育出版

D.A.Arker, *Managing Brand Equity: Capitalizing on the Value of a Brand name*, 1991. 陶山計介・中田善啓・小林哲訳（1994）『ブランド・エクイティ戦略』ダイヤモンド社

H.Farquhar, *Managing Brand Equity*, 1989. 青木幸弘訳（1993）「ブランド・エクイティの管理」『流通情報』（4月号）流通経済研究所

Paul Stobart, *Brand Power*, 1994. 岡田依里訳（1996）『ブランド・パワー──最強の国際商標──』日本経済評論社

Philip Kotler, *Marketing Management*, 1991. 村田昭治監修（1996）『マーケティング・マネジメント』（第7版）プレジデント社

Terence Oliver, *Brand Valuation*, 1993. 福屋成夫訳（1993）『ブランド価値評価の実務』ダイヤモンド社

Business & Industry (R) (1998) *"Why Consumers Pay For National Brands"* Research Alert, April 17.

第2章

ブランドを軸とした
マーケティング戦略の展開

第1節 ■ ブランド・エクイティの有効性

　第1章での考察のように、ブランド・エクイティの構成要素には、ブランド・ロイヤルティ、知覚品質、ブランド連想、ブランド認知などが含まれる。これらの構成要素は、消費者行動、広告効果などの分野では個別的には研究されている。だが、こうした構成要素を包括する概念であるブランド・エクイティがあえてマーケティングで注目されるようになったのは、次のようなメリットを有するからである。

(1) マーケティング効率の向上
　プロモーション等で、新規顧客を開拓する場合を想定すると、当該ブランドに対する消費者の認知度が高かったり、品質に対する不安がなければ効率的にマーケティングを展開することができる。つまり、当該ブランドを所有する企業は、所有していない他社より何らかのリードを有してスタートすることができる。

(2) プレミアム価格を設定することによってより大きなマージンを得ることができる
　ヨーロッパの高級乗用車に見られる高価格戦略は、その好例である[1]。ブランド・エクイティが確立されていれば、プロモーション努力を軽減で

きるという面からも、マージンは大きくなる可能性がある。景気後退期に消費が冷え込み、プロモーション費が全体的に合理化・削減されたとしても、このことは期待できると思われる。なお、このプロモーション努力には、消費者に対するものだけでなく、流通業者に対するものも含まれている。

(3) 流通業者の協力を得やすい

posシステムをはじめとする情報化の進展により、流通段階における意思決定は、ますます迅速になっている。そのため、流通業者にとって知名度の低いブランドを扱うよりも、ブランド・エクイティの確立しているものを取り扱う方が有効である。たとえば小売業者は強力なブランドを店頭に陳列することにより顧客を引きつけることができる。特に、あまり規模の大きくないチェーン店では、強力なブランドを前面に押し出して、マーチャンダイジング計画を立案したり、プロモーション活動を企画する傾向がある[2]。また、ブランドの棚を確保し、販売に対する努力も協力的になる。このことは、既存ラインにおいてもラインの拡大時においても同様であると思われる。

(4) 競争優位の源泉となる

市場には既存製品による一種の参入障壁ができ上がっていて、後発ブランドは容易に市場に参入できないことがある。この例として濃縮小型洗剤があげられる。かつて、花王株式会社はバイオ技術を駆使した超小型洗剤「アタック」を開発した。しかし、頑固な汚れを落としたいという消費者ニーズに向けられた洗剤として認識されている他社の製品が、すでに三年間で、ほとんど全市場を制覇していた。そのため花王がこうしたニーズを狙おうとしても、ブランド連想によって、市場は支配されていたのであった。そこで花王は、製品のコンセプトを「スプーン一杯で驚くほどの白さ」

というように少量の洗剤量で他の製品以上の白さを得られる超小型洗剤であることを前面に打ち出した。そして成功したのである。先発の優位性は強力である。アタックの成功で、花王は引き続いて洗剤のすべてのブランドをアタックと同じように小型濃縮化したが、それまでマーケットシェア１位のニュービーズ、２位のザブも、強力なマーケティング活動にもかかわらず、今ではアタックに遠く及ばない[3]。このようにブランド・エクイティが確立され、特定ブランドと製品カテゴリーとの間に強力なブランド連想が生まれている市場に後発企業が参入すると、この後発企業は市場を拡大し、先発ブランドの地位をかえって強固なものとする危険さえある。

第２節 ■ ブランド・エクイティを考慮したマネジメントの重要性

　ブランド・エクイティの概念をブランド・マネジメントに導入したならば、どのような取り組み方の転換が考えられるのであろうか。伝統的なマーケティング・マネジメントと比較した上で検討してみたいと思う。
　第１に、ブランドをどのような視点でとらえるかということである。ブランドの基本的な意義は、競争相手の製品と自社製品を識別することにあった。アイデンティティとしての意義が、長期間ブランドの中心に置かれていた[4]。しかしながら、ブランド・エクイティの概念を取り入れるとなると、その第一義は資産となるであろう。そうすれば、競争相手との差別化の手段というとらえ方でブランドをマネジメントするのではなく、資産としてマネジメントしなくてはならない。当然、マーケティングだけでなく財務などといった部署との連携がブランド・マネジメントにとって重要となってくる。
　第２に広告・プロモーション費のとらえ方である。従来のマーケティング・マネジメントであれば、広告・プロモーション費はコストであり、削減できる部分はできるだけ削減しようという性格のものであった。とりわ

け、昨今のような景気後退期にはそのことが顕著であった[5]。しかし、ブランドを資産と考えたならば、広告などのプロモーション費は単なるコストと言いきれなくなる。特に広告は本来、長期的・累積的効果を持つものであり、その支出は費用でなく投資としてとらえるべきである。土地や建物に資金を投入するように、プロモーションの実施はブランドへの投資ととらえることができるのである。一方、今日の顧客満足の遂行のために企業は、「コスト発想」としての効果追求の前に、まず「投資発想」としての効果追求をしなければならないという主張もある[6]。このことは、ブランド・マネジメントに対してもまったく同様にあてはまる。ブランドに投資することで、ブランド・エクイティはしだいに高まり、将来のブランド・マネジメントをそれだけ有利に展開できる可能性も高くなる。

　第3は、利益の収穫期間についてである。従来のマーケティング・マネジメントは比較的短期間に利益の収穫を考えていたが、今後は長期にブランドを育成していくことが必要となる。このことは広告・プロモーション費においても明らかであるが、マーケティングの手法を見直して、実体のある価値をブランドを通してどのように提案していくかを考えるべきである。企業にとってのブランドのあり方を考え、長期的なブランド・マネジメントを検討し、将来の望ましいブランド体系を想定し、企業として何が提案できるかを問い直してみるのである。短期的な利益を追求するあまり、ブランドを疲弊させるようなことがあってはならない。優良ブランドは、長年の投資と地道な努力の後に大きな利益を生み出す。実際、市場に導入されてから、60年以上も占有率がトップのブランドも数多い[7]。

　上述のことは、マネジメントの志向についても同様なことがいえる。広告・プロモーション費の考え方がコストから投資発想へと変化し、利益の収穫期間が短期から長期へと変化すれば、ブランド・マネジメント全体の志向も大きく変わると思われる。従来のマーケティング・マネジメントが管理志向であるならば、新しいマネジメントは、短期の収益にとらわれず、

企業全体でブランドを通して長期的に検討する戦略志向へと転換していくであろう。

　第4に製品開発・顧客・価格戦略のとらえ方である。景気後退期には消費が低迷したが、その直接の引き金となったのは消費者の意識と購買行動が変わったことだとの指摘がある[8]。相対的に価格水準の低いプライベート・ブランドがわれわれの消費生活の中に浸透してきたことも関連があるであろう。しかし消費者は価格に厳しくなったのではなく、価値に厳しくなったと思われる。ブランドの意義を資産とするならば、価格を納得できるだけの製品価値が認識されるブランドでなければ購買されなくなったのである。換言すれば、価値を訴求できるブランドでなければ対応できないのである。ブランドを提供する企業は、消費者が納得するに足るだけの価値の裏付けを、消費者が納得するまでの情報として送り続けなくてはならない。情報といっても、製品を通して伝えられることもあるし、広告・プロモーションはいうまでもなく、消費者からの信用を重視する企業にとっては、品質やアフターサービスの充実もその大きな要因である。いずれにしても、それが可能でない企業は、ブランドの価値を維持することはできないのである。

　最後は競争面での貢献である。ブランドの意義からも理解できるように、ブランドの競争面に対するこれまでの貢献は差別化が中心であった。消費者に自社製品を競争相手の製品と識別させ、違いを明確化することにあった。だがブランドを資産とすれば、マーケティング効率を向上させるとともにマージンを高くさせ、競争優位の源泉として機能する。そうすれば差別化であるというとらえ方ではなく、経営資源そのものとしてとらえるべき性格のものである。

　以上、筆者なりにブランド・エクイティを考慮したマネジメントを従来のマーケティング・マネジメントと比較した上で考察してきたが、これらは表2-1のように整理できると思う。

表2-1 マーケティング・マネジメントとブランド・エクイティマネジメントの比較

視　点	伝統的なマーケティング・マネジメント	ブランド・エクイティを考慮したマーケティング・マネジメント
ブランドの意義	商標	資産
ブランド目標	認知の向上	ロイヤルティの向上
マネジメントの志向	管理的	戦略的
広告費の考え方	コスト	投資
利益回収期間	短期	長期
競争面での貢献	差別化戦略	競争優位戦略（経営資源）
製品開発戦略	タイミング重視	品質第一
顧客戦略	新規開発中心	顧客愛顧中心
価格戦略	価格訴求	価値提供

出所：恩蔵直人（1995）『競争優位のブランド戦略』日本経済新聞社、73頁を参考に加筆。

第3節　■　広告コミュニケーションからとらえたブランド・エクイティ

　上述のように、近年よりわが国でもブランド・エクイティ概念についての重要性が認識され、多くのブランド論議がなされている。マーケティング・マネジメントもブランド・エクイティを高める戦略へとシフトされつつあり、広告の役割も従来のものから競争優位性の持続的発展に向けた、長期のブランド育成をいかに成し遂げるかが重要となるのも当然のことである。

　以下ではこうしたブランド・エクイティの概念を広告コミュニケーションの面からとらえ直し、ブランドを育成するにあたって、非常に重要な要因を持つ、ブランド・イメージを中心に、その構築のメカニズムを探り、有効なブランド・イメージ作りにあたっての若干の戦略的示唆をまじえて述べたいと思う。

　ところでブランド・エクイティ概念と広告との関連性において今後、議論されるべき理論的課題として、次の三点が指摘されている。

①ブランド・ネームやブランド・イメージのような関連概念に対するブランド・エクイティの意義やその類似性を含む基本的問題
②しばし、これらブランド概念の一つの尺度として用いられるものではあるが、ブランド・エクイティあるいはイメージと知覚品質の間の関係の問題
③マネージャーがブランド・イメージに影響を与えようと試みるとき、広告がブランド価値の構築とコミュニケーションにいかなる影響を与えることができるかという問題

以上の三点である[9]。

上記の三点に答えようと試みる場合、ケラー（Keller,K.L.）の説が適切であると思われる。つまり、理論的出発点をなすブランド・エクイティの定義をより操作化することが必要になるが、財務としてのエクイティではなく、顧客への価値向上としてとらえるのである。ケラーは、「顧客ベース・ブランド・エクイティ（customer-basedbrand equity）」において、「ブランド知識が当該ブランドのマーケティング活動に対する消費者の反応へ与える差別的効果」を定義し、ここでのブランド・エクイティとは、「同種の製品・サービスにおける架空ないしは無名のブランドが行う同等のマーケティング・ミックスに対する消費者反応と比較した場合、そのブランド名が付与しているため生じる消費者反応の差異」をあげている[10]。

ここでの「消費者反応の差異」をもたらす中核的な知覚、態度、行動要因は図2-1で示すように、ケラーは「ブランド知識（brand knowledge）」がその役割を与えると指摘している。消費者が当該ブランドをよく認知しているだけにはとどまらず、それは記憶内に好意的かつ強固で、ユニークなブランド連想を保持し、さまざまな連想と結び付けられた状態からなるものである。

ブランド知識は、ブランド認知とブランド・イメージという二つの構成

要素の観点から概念規定されている。前者はブランド想起やブランド再認といった消費者の認知による情報の処理成果と関連し、後者は消費者の記憶内に保持されている当該ブランドと結び付いた連想の集合である。ブランド・マーケティングが成功するか否かは、消費者の記憶内にあるこのブランド知識に依存する。逆にブランド知識は各種のマーケティング努力によって形成しうる[11]。

広告は、ブランド認知とブランド・イメージの浸透の二つの目的に対して強力な手段として用いられてきたわけだが、ブランド・イメージについてはあまり論議がなされずにきているように思われる。ブランドの意義や主張が曖昧なまま、きわめて感覚的な広告表現イメージのみにとどまり、結果としてブランド連想や知覚品質を構築できないでいるのは、こうした

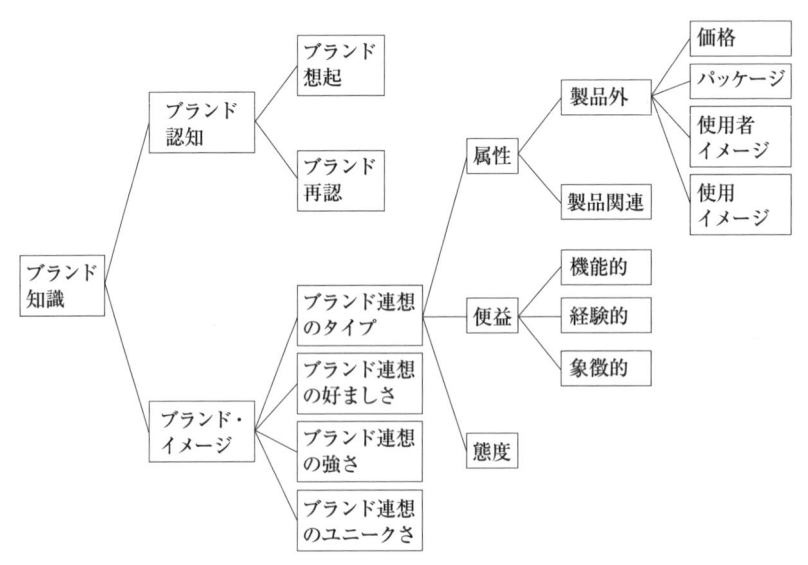

図2-1　ブランド知識の諸次元

出所：Keller, K.L. (1991) "Conceptualizing, and Managing Customer Based Brand Equity," working Paper No.91-123. Marketing Science Institute. 青木幸弘訳（1993）「顧客ベース・ブランド・エクイティの概念規定、測定、および管理」『流通情報』（10月号）流通経済研究所、27頁。

分析の欠如が要因と思われる。広告コミュニケーションからブランドを見るとき、ブランド認知、ブランド連想、知覚品質が線で結ばれながら、イメージが構築されなければならない。そしてこの線を強固に結び付けるのが今後の広告の重要な役割だと思われる。

　たとえば、ソニーの「It's a Sony」やマクドナルドのゴールデンアーチといったブランドのロゴマークやシンボルは、イメージを構築するための一つの方法である[12]。消費者が製品ではなく、ブランドを購入しているというのは単なる財・サービスではなく、ブランド全体の持つイメージ（たとえば、安心性や優越性）を消費していることを意味する[13]。長期にわたって蓄積されたブランド・イメージこそが広告コミュニケーションとしてのブランド・エクイティといえるのではないだろうか。

　上述のように、すでに企業が長い歴史を経て、さらに、それが消費者に対して高水準と認識されている広告コミュニケーション活動の展開によって良好な企業イメージを確立させているとき、当該企業はそうした企業イメージを連想の手掛かりとしてブランド名を想起させ、良好な企業イメージをブランド認知と重複させることによって、強固で好意的な記憶という形でブランド知識を容易に、効率的に形成できるだけでなく、消費者からの積極的なブランド知識形成のための自発的な学習を促進することもできるであろう。

　そうした企業イメージに代わって、もちろん良好で確固としたブランド認知と知識、さらには豊かなブランド連想が機軸となって、新たに市場導入されるブランドの認知と知識と連想の形成を促進していくことが可能である。こうした場合にブランドとしての新規性をいかに印象的に伝達していけるかが問題であるとしても、長期にわたって成功をおさめているブランドの拡張という形での新ブランドの広告は、本来的に高いコミュニケーション効率性が約束されるものとみることができよう。

第4節　■　企業にとってブランドを拡張することの意義と目的

　製品にはライフサイクルがあり、ほとんどの場合、衰退期が到来するがブランドは企業の主体的な意志と適切な戦略により維持あるいは拡張し、ロングセラー化することが可能である。実際に売れるかどうかわからない新製品に多額の開発費や広告費をかけて市場に導入するよりも、すでに浸透している製品を活性化させた方が企業にとってリスクが少ない場合もある。たとえば、携帯電話はカメラなどの新機能を追加することで絶えざる技術革新を続けている。自動車や家電製品も確立された同一ブランド名の下でモデルチェンジ政策を行い、製品ラインを拡張している状況にある。また、食品の領域では顧客の嗜好の変化に合わせて味や成分、および量を変えている。健康ブームにおける低カロリーや糖分を控えた食品はその好例であり、新しいパッケージに変更して時代のニーズに合わせている。

　ロングセラー・ブランドと呼ばれる製品はこのような戦略の成功によって成り立っている。当然、顧客とのコミュニケーションの方法も変更させる必要がある。製品の異なった使用機会を提案するなどして、新たな顧客層を獲得し、衰退期の到来を防ぐのである。すでに顧客に認められ市場に浸透しているブランドは、エクイティが確立しているために、企業にとって大きな資産である。その核となるブランドをテコにしてブランド・マーケティングが遂行されている。

　上述のごとく、ブランドが企業にとって価値ある資産であることが認識されるにつれ、多数の企業が自社の育成したブランド・ネームをもとに多数の新製品を市場に導入している。すなわち、資産となったブランドを活用することがブランド・マーケティングの主流となっている。当該ブランドをロングセラー化するために、さまざまなブランド拡張が存在するが、この場では、代表的な二つの戦略を以下に整理しておきたい[14]。

(1) ブランド拡張戦略

一般的に、「企業が新製品導入の際に、すでに確立しているブランド・ネームを用いる」戦略をブランド拡張戦略という。その中で、「親ブランドと同一製品カテゴリー内で、新しい市場セグメントをターゲットとして新製品をブランド化する際に親ブランドを用いる」ことをライン拡張という。食品における異なる成分や味覚、あるいは異なる形状やサイズ等を導入して、親ブランドのネーミングを利用する戦略がそれにあたる。

(2) カテゴリー拡張

これに対して、「異なる製品カテゴリーへ参入する際に、親ブランドを用いる」という戦略をカテゴリー拡張という。たとえば、有名自動車メーカーが自転車部門に参入したり、高級アパレルメーカーがアクセサリー部門へ参入するなどが典型的な例であるといえる。

このように、ブランド・マーケティングにおいてブランド・エクイティの概念は戦略上、重要な要素であるが、その後、アーカー（D.A.Arker）はブランドの価値提案と信頼性をもとに、ブランドと顧客の間の関係性を構築するブランド・アイデンティティの概念を提唱している。そのコンセプトは「ブランド・アイデンティティは、ブランド戦略策定者が創造したり維持したいと思うブランド連想のユニークな集合である。この連想はブランドが何を表しているのかを示し、また組織の構成員が顧客に与える約束を意味する」。また、「ブランド・アイデンティティは機能的便益、情緒的便益、自己表現的便益を含む価値提案を行うことによって、ブランドと顧客との関係を確立するのに役立たなくてはならない」としている[15]。

したがって、ブランド・アイデンティティはあくまでもブランドを提供する企業が追求する概念である。ブランド・アイデンティティはその確立の方向が不鮮明であると明快なブランド・イメージを顧客が認識すること

ができない。なぜなら、上述したようにブランドとは、顧客にとっては、製品を特定の売り手が提供しているものと認識させる意義を担うのであるから、どのようなイメージを受けるかに、その本質が問われる。そして、アイデンティティとして、製品の品質はもとより、提供者の自信と責任の表明をブランドによって示さなくてはならない。換言すれば、ブランドを通してのコミュニケーションの課題は、どのような価値を提供する売り手かを顧客に認知してもらうことにある。認知を目的とするには、単なる企業名やブランド名の認知とは異なり、長期間にわたって関係構築が企業と顧客の中で成立しないと不可能となる。

　逆に明確なブランド・アイデンティティが確立できれば、企業が必要としている顧客はどのような人々かを深く絞れることになる。価値を提案するわけであるから、共鳴を受けない消費者や他のブランドへスイッチをする顧客も当然、現れる。ブランド・マーケティングにおける顧客の想定は、既存のマーケティング・マネジメントのようにマスを対象に新規顧客を開拓するものではない。企業と顧客が相互にブランド・アイデンティティを理解できるかにかかっている。したがって、企業から立案されたブランド・アイデンティティが相互に顧客というフィルターを通して、ブランドが確立され、結果的にブランド・エクイティがもたらされるということになる。ブランド・マーケティングにおける顧客と企業の関係概念図を図2-2に示す。

　そして、言及するまでもなく、企業の価値としてブランド・エクイティの概念があり、当該ブランドを所有する企業は他社に比べて効率的にマーケティング戦略を展開できたのである。これに対して、顧客の価値としてブランド・アイデンティティがあるということになる。なぜなら、ブランドを立案する側が、顧客に対して当該ブランドの方向性や機能的便益性や情緒的便益性を訴えることにより、その価値を提案し、ブランドと顧客の関係を構築しようと試みる概念だからである。したがって、ブランド・マ

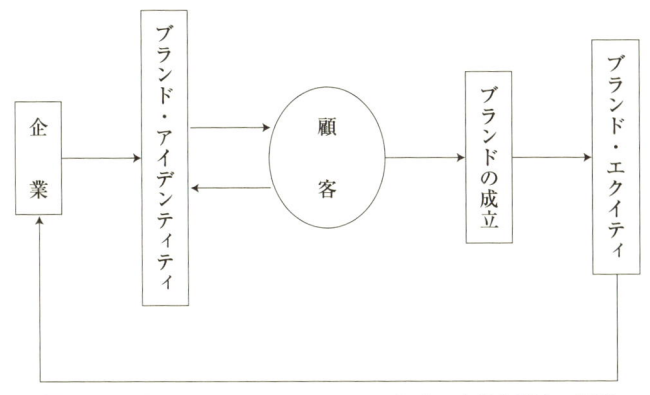

図2-2　ブランド・マーケティングにおける企業と顧客の関係

ーケティングにおける顧客との相互的な関係構築はブランド・アイデンティティが確立されて初めて可能となる。

■　注
1）その他の例として、超高級ブランド、ルイ・ヴィトンは価格破壊がいわれた平成4年に過去最高の売上を記録している。詳細は、日経広告研究所編（1995）pp.363-385を参照。
2）特にブランドを選択する際の消費者行動研究は数が多い。たとえば、日本生産性本部（1981年2月）pp.G1-G24や、八巻・天津（1992）pp.216-220を参照。
3）佐川（1992）pp.109-163参照。
4）ブランドの意義の変遷は、Paul Stobart（1994）岡田訳（1996）pp.1-45を参考にした。
5）電通の「平成四年の広告費」のデータによると、この年を期に、広告費削減の事実が交際費、交通費の他の経費とともに端的に示されている。これによると日本の総広告費は、昭和40年以来、27年ぶりのマイナスとなった。詳細は、電通マーケティング統括局情報センター編（1993）『平成四年日本の広告費』電通、を参照。さらに、電通は2008年2月に「2007年（平成19年）日本の広告費」を発表した。これによると、媒体別に見て、「新聞広告費」（前年比94.8％）が大きく減少し、「テレビ広告費」（同99.1％）も減少して、「マスコミ四媒体広告費」（同97.4％）は三年連続減少

した事実を伝えている。詳しくは、電通『日本の広告費　1985年～2007年の時系列データによるグラフ』（平成20年12月12日アクセスを参照）。
http://www.mars.dti.ne.jp/~hagi/ref/20080310_ad_revenue_trend_1985-2007.htm
6) 嶋口（1995）p.30
7) 小川（2003）pp.77-82を参照。
8) 星野・川上（1995）p.41
9) Kirmani and Zeithaml（1993）p.143
10) Keller（1991）青木訳（1993）p.40
11) Keller, K.L., *op. cit.*, 同前訳書、p.43
12) Paul Stobart, *op. cit.*, 同前訳書、p.10
13) 消費者が持つブランドに対するイメージとして、研究者によりさまざまな概念があげられている。この他に、自己表現性、リスク回避性、社会同調性、情緒集約性等がそれにあたる。詳細は、Grep Franzen（1995）*"Advertising Effectiveness"* The English Agency（Japan）Ltd. 八巻他訳（1996）pp.198-214。あるいは、鳥居（1996）p.83を参照。
14) 二つの拡張戦略に関しては、Keller（1998）恩蔵・亀井訳（2000）p.516を参照。
15) Arker（1996）陶山・小林・梅本・石垣訳（1997）p.86

■　参考文献

青木幸広・陶山計介・中田善啓編（1996）『戦略的ブランド管理の展開』中央経済社
雨宮史卓（1997）「ブランド・エクイティの構築と広告に関する一考察」『商学論叢』（第22号）日本大学大学院商学研究科
雨宮史卓（2001）「産業構造の変化とブランド概念の進展」『マーケティング流通戦略』白桃書房
雨宮史卓（2001）「ブランドの価値と創造的可能性」『マーケティング・ソリューション』白桃書房
雨宮史卓（2005）「パワーとブランド」『マーケティング論概説』記録舎
雨宮史卓（2008）「消費者の購買行動の変化とブランド・マーケティング」『コミュニケーション・マーケティング』白桃書房
小川孔輔（2003）『ブランド戦略の実際』日本経済新聞社
恩蔵直人（1995）『競争優位のブランド戦略』日本経済新聞社
嶋口充輝（1995）『顧客満足型マーケティングの構図』有斐閣
佐川幸三郎（1992）『新しいマーケティングの実際』プレジデント社
電通（2008）『日本の広告費　1985年～2007年の時系列データによるグラ

フ』（平成20年12月12日アクセスを参照）http://www.mars.dti.ne.jp/~hagi/ref/20080310_ad_revenue_trend_1985-2007.htm

電通マーケティング統括局情報センター編（1993）『平成四年日本の広告費』電通

鳥居直隆（1996）『ブランド・マーケティング』ダイヤモンド社

日経広告研究所編（1995）『広告に携わる人の総合講座』（平成7年版）日本経済新聞社

日本生産性本部（1981年2月）「カセットテープ市場のブランド・ロイヤルティ研究」『グループ研究報告書』

星野匡・川上育子（1995）『成功するブランド・マーケティング』日本経済新聞社

八巻俊雄・天津日呂美（1992）『広告表現の科学』日経広告研究所

D.A.Arker, *Managing Brand Equity: Capitalizing on the Value of a Brand name*, 1991. 陶山計介・中田善啓・小林哲訳（1994）『ブランド・エクイティ戦略』ダイヤモンド社

D.A.Arker, *Building Strong Brand*, 1996. 陶山計介・小林哲・梅本春夫・石垣智徳訳（1997）『ブランド優位の戦略』ダイヤモンド社

Kevin Lane Keller（1991）"*Conceptualizing, Mesuring, and Managing Customer Based Brand Equity,*" Working Paper No.91-123, Marketing Science Institute, 1991. 青木幸弘訳（1993）「顧客ベース・ブランド・エクイティの概念規定、測定、および管理①～⑤」『流通情報』（9月号）流通経済研究所

Kevin Lane Keller（1998）"*Strategic Brand Management*" 恩蔵直人・亀井明宏訳（2000）『戦略的ブランド・マネジメント』東急エージェンシー出版部

Paul Stobart, Brand Power, 1994. 岡田依里訳（1996）『ブランド・パワー―最強の国際商標―』日本経済評論社

Grep Franzen（1995）"*Advertising Effectiveness,*" The English Agency (Japan) Ltd.

Kirmani, A. and V.Zeithaml（1993）"*Advertising, Perceived Quality, and Brand Image,*" in D.A.Arker and A.L.Biel（ed.）, *Brand Equity & Advertising: Advertising's Role in Building Strong Brands*, Lawrence Erlbaum Associates, Publishers.

第3章

広告コミュニケーションと高価格製品のブランド化

第1節　■　プロモーション活動の一要素としての広告

1　消費者行動と広告

　広告とは読んで字のごとく、「広く告げる」ことで、消費者に対して製品・サービスの情報を広く知らせることを、その基本目的としている。英語の advertising は album と同義語で「家の白い壁」をかつては意味していた。ある商店がその店の白い壁に、自分の商っている商品の絵を描いて広告したことから、「白い壁」が広告の意味になったといわれている[1]。現在では、広告を載せる媒体は商店の壁にとどまらず、テレビ、新聞、雑誌、ラジオ、およびインターネットといったあらゆるマス媒体を通じて世界の隅々まで到達している。日米でもテレビを見ない日はあっても広告を見ない日はないといっても過言でないくらい、広告はわれわれの生活に深く浸透しているのが現状である。

　とりわけ国土の広いアメリカでは、日本市場のような全国的な流通政策が困難なため、マーケティング・コストを下げるために、マスメディアによる広告を大量に用いる。日本の自動車メーカーや電気メーカーも、米国市場では日本国内以上の広告費を年間に支出している企業も見受けられる。企業の広告戦略もそれぞれの国に適した戦略変更を余儀なくされている状況である。広告は、国々の文化や社会状況、歴史、人々のライフスタイル

や価値観とともにさまざまな形態をとって存在している。また、現代では人々の暮らしや生活者の価値観も急速に変化している。このような状況下では広告の研究も幅広く、高度になってきている。マーケティングのフレームワークの一要素にとどまらず、今や新製品開発や町おこし等を含め、かなり多岐に渡っている。

　さらに、国際的な高度情報化時代を迎え、われわれの情報環境もますます多用かつ複雑になってきている。情報処理と情報伝達の技術進歩に伴って、社会および産業の情報化も急速に進展している状況である。だからこそ、広告という学問を通して、われわれは生活者としての必要な情報をより有効に磨きぬける能力が必要であるし、グローバルなレベルでの情報を選択できる視野を学ぶことがよりいっそう求められている。広告はそれを研究する者にとっても、何が自分に必要な情報なのか、いかなる効果を狙った情報なのかを理解し、情報の分析に欠かせない人々の生活や判断基準、およびトレンドに敏感になれる絶好の学問である。本章は、われわれの生活に密着している広告に対する関心と研究の重要性がますます高まる中、広告がどのように機能し、いかなる役割を果たしているのかを考察する。

2　広告コミュニケーションの基本的な考え方

　マーケティング・マネジメントにおいて広告は、マーケティングの目標を達成するためのマーケティング・ミックスにおける4Pの一つであるプロモーションの中に位置付けられている。

　マーケティング研究の歴史上、広告とは何か、を検討するに際して多数の見方が発表されているが、その導入期にボーデン（Borden, N.H.）は次のように定義している。それは、「広告とは、それによって財貨ないしサービスを購買するよう、あるいはそれに描かれた概念、人、商標または機関にたいし好意的に行動するよう、あるいは好意的人情をいだかせるよう、特定の公衆に知らしめ影響を与える目的で、視覚または言葉によるメッセ

ージをかれらにむける活動である。広告メッセージは、いわゆるパブリシティとかプロパガンダと呼ばれる（宣伝）の諸形態とは対照的に、署名や言葉などによって広告主が明確にわかるものであり、さらに出版業者、放送業者またはその他の媒体に対する支払いを伴う商業的取引である」[2]としている。

一方、コトラー（Philip Kotler）はマーケティング・コミュニケーション・ミックスとしての四つのツール（広告、販売促進、パブリック・リレーション、人的販売）を構成し、端的に広告を「有料の媒体を使って、提供者名を明示して行う、アイディア、製品、サービスの非人的提示とプロモーション」[3]としている。

また、数多くの代表的な定義を整理し、共通点ないし強調されている点を拾い上げているものも見受けられる。それは、「広告とは、非人的メッセージの中に明示された広告主が所定の人々を対象にし、広告目的を達成するために行う商品・サービスさらには、アイディア（考え方、方針、意見などを意味する）についての情報伝播活動であり、その情報は広告主の管理可能な広告媒体を通じて広告市場に流されるものである。広告には企業の広告目的の遂行はもとより、消費者または利用者の満足化、さらには社会的・経済的福祉の増大化などの機能を伴うことになるのは言うまでもない。企業の他に、非営利機関、個人などが広告主となる場合もある」[4]としている。

近年では、ジョン・R・ロシターとラリー・パーシー（John R.Rossiter& Larry Percy）が「広告コミュニケーションは、どちらかといえば間接的な形で消費者への説得を行うものであると考えられており、製品の便益を、情報あるいは情緒的訴求に基づいて消費者に伝え、消費者の選好を喚起し、購買へと"気持ちを向けさせる"ものである」[5]としている。

これらの定義事例から共通する最小限の項目は、有料形態、非人的な提示および促進、アイディア・商品・サービス、そして明示された広告主が

あげられる。すなわち、広告の枠付けとして、広告の客体は、製品、サービス、アイディアであり、管理可能である非人的媒体を使用し、独自に選定した消費者に対し、その内容を広告主とともに明確に告知して説得する有料なコミュニケーション活動であることに、今も昔も変わることのない定義とすることに、異論はないのではなかろうか。

　要するに企業がメッセージとして送る広告の目的は、広告の受け手の意見や態度を企業にとって好意的なものにすることである。さらに、広告主としての企業だけではなく、企業が送り出す製品や、提供するサービスに対して広告の受け手に好意的な態度を形成させることにある。広告の受け手の現実の状態に対し、広告された製品・サービスを購入したときの状態が理想の状態であることを、告知することに意義があるのである。換言すれば、潜在的なニーズを充足するために、特定の製品カテゴリーを必要と思う状態にすることである。その役割を広告が担うのであるから、その製品・サービスについて、興味を引き起こし購入したいという欲求を起こさせるために、さまざまなメディア戦略や広告表現が数多く研究されているのである。広告の受け手に購買行動を喚起させる誘引の要素になれば広告は役割を達成したことになる。したがって、広告は情報である以上に説得のコミュニケーションである。だからこそ、マーケティング目標を達成するための一要素となるのである。

3 マーケティング・マネジメントとプロモーションの関係

　ところで、広告は本章の第1節-2でも述べたように、広告主にとっては情報である以上に説得のコミュニケーション活動である。だからこそ、マーケティング目標を達成するための一要素となるのである。そして、図3-1に示すように、広告はプロモーションの中の一つとして位置付けられているが、その種類や性質は、広告する製品やサービスによって多種多様である。人々の欲求を刺激するために、さまざまな戦略もトレンドに反

映させて創出されている。

　たとえば、プロダクト・プレースメント（Product Placement）という戦略があるが、これは映画やテレビ番組をメディアとして用いる広告である[6]。企業名やブランド名の看板を映画のシーンの中に登場させ、出演者の台詞にさりげなく、製品名ではなく特定のブランド名を入れる戦略といえる。すなわち、ある映画の登場人物がバーに行き、「ビールをちょうだい」というのではなく、「バドワイザーをちょうだい」と特定のブランド名をあげて注文すれば、それはプロダクト・プレースメントが用いられていることになる。

　このように、車、煙草、お酒、および雑貨等のメーカーが多額の経費を支払って、映画の中に自社ブランドを紛れ込ませているのが現状である。ハリウッド映画の中に自社製品を登場させるために、100万ドル以上支払うアメリカ企業も多く存在する。これは特殊な広告戦略の一例にすぎないが、このように消費者に広告と認識されない広告も数多く存在する。すべての広告の種類を列挙するのは紙面の都合上、不可能なのでこの場ではプロモーションの種類と、それらの特徴を明確に示したい。

　プロモーション活動は企業にとって非常に重要な活動である。なぜなら、企業努力により、消費者ニーズに合った製品やサービスを作り出したとしても、それらを消費者に知らせなくては売上につながりにくい。新たな製品やサービスは既存のものとどこが違い、他社の製品よりどう優れているのか、またどこで販売されて値段はいくらなのかなどの情報を伝え、消費者の購買欲を喚起しなくてはならないのである。その役割を担うのがプロモーション活動である。すなわち、プロモーション活動とは製品・サービスをいかに消費者とコミュニケーションをとって効率よく売るかという販売促進活動を意味する。製品戦略、価格戦略、流通戦略はいわば、消費者のニーズに合わせて売れるための条件を重視しているのに対し、それが実際に消費者に認知され選ばれるようにコミュニケーションをとり、アピー

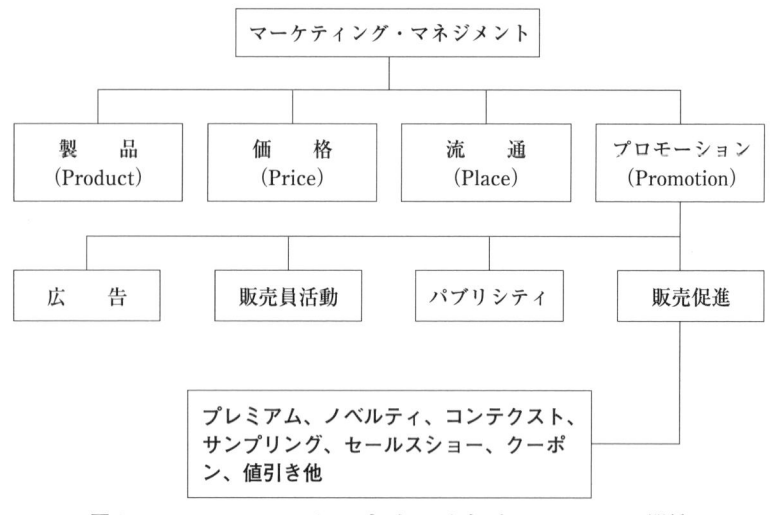

```
                    マーケティング・マネジメント
          ┌──────────┬──────────┼──────────┬──────────┐
        製　品      価　格      流　通      プロモーション
       (Product)   (Price)    (Place)    (Promotion)
                              ┌──────────┬──────────┬──────────┐
                            広　告    販売員活動  パブリシティ  販売促進
                                                              │
                                          プレミアム、ノベルティ、コンテクスト、
                                          サンプリング、セールスショー、クーポ
                                          ン、値引き他
```

図3-1　マーケティング・マネジメントとプロモーションの関係

ルするのがプロモーションの役割である。

　プロモーション活動には、直接製品やサービスの購入を喚起することを目的とするものや認知率の向上を促進するためのものも存在する。さらに、短期的な売上に結び付かなくても長期的・累積的に企業イメージおよび製品イメージを消費者に対して構築しようとするものもある。また、消費者ではなく流通業者をターゲットとして行うものもあるが、基本的にその活動は次の四つに分類される。

(1)　広　　告

　マスコミ四媒体（テレビ、新聞、雑誌、ラジオ）の他、インターネット、折り込みチラシ、交通広告、屋外ポスターボード、施設内ポスターボード、POP広告などを通して製品・サービスのプレゼンテーションや広告主のメッセージを伝える方法である。多数の人々にメッセージを伝えることができるメリットがあるが、相対的に説得力が弱く、経費が掛かる場合が多

いとされている。なお、POP広告とはPoint Of Purchaseの略で購買時点の広告を意味する。店頭での広告であり、店内ポスターやプライス・カードがその具体例といえる。ほとんどの広告は店舗外で消費者に認識されるが、POP広告は店舗内で認識されることが大きな特徴といえる。他の広告により、消費者が特定のブランド名を認知し、それを購入しようと考えていてもPOP広告により他のブランドを購入する可能性もありうる。その意味では、消費者にブランド・スイッチをさせる最終手段の広告といえる。

(2) 人的販売

販売員による対面販売を意味し、小売店頭での接客はその代表例であるが、直接、顧客を訪問するケースもありうる。相手の反応を見ながら購買を説得できるというメリットがあり、とりわけ、生産財でのその役割は重要である。なぜなら、生産財は企業、学校、病院、官公庁等が製品を生産ないし業務運営のために購入する商品を指す。そのため、購入する側も当該商品に対する専門的な知識を持っている場合がほとんどである。したがって、個別に担当者が詳細な情報や競合商品との優位性を伝えることが重要視されるのである。しかし、通常は一人の人間が直接行う活動なので、多数の人を相手にすることができず、時間が掛かるというデメリットがある。

(3) パブリック・リレーションズ

マスコミに新製品や企業イメージなどの情報を流し、それら第三者機関が広告ではなく、報道として取り上げるもので、信頼性が高く、好意的に取り上げられた場合は無償で大きな効果を得ることが可能となる。しかしながら、評価する主体がマスコミというあくまで第三者機関であるために、企業側が思い通りのメッセージを伝えられないというデメリットが存在す

る。たとえば、自動車メーカーが新車を発表した際に、その専門雑誌にモーター・ジャーナリストが当該の車の批評をした記事が掲載されることが頻繁にある。この場合、ジャーナリストが高い評価をした際は、無償で大きな宣伝効果が期待できる。しかし、批判されたときは、メーカーが自信を持って市場投入した新車であっても消費者にマイナス・イメージを与えてしまう可能性がある。また、その他の具体的としては、記者会見やプレス・リリースなどをあげることができる。

(4) 販売促進

　上述の三つのプロモーション活動を補助し、短期的、即効的な売上の拡大を狙うときに有効な活動であり、販売店の協力を得るための活動でもある。セールス・プロモーションあるいはSPといわれることもある。その対象は、主に消費者向けのものと流通業者向けのものに分けることが可能である。消費者に対しては購買を刺激するために行うもので、プレミアム、コンテクスト、サンプル配布、クーポン、値引き、懸賞等があげられる。流通業者に対しては自社製品を仕入れることの価値を形成させることを目的としている。具体例としては値引き、店頭販促品の提供、展示会などをあげることができるであろう。

　これらプロモーションの四要素（広告、人的販売、パブリック・リレーションズ、販売促進）は、マーケティングの4Pと同様に、それぞれが独立して機能しているわけではない。すなわち、マーケティング目標に応じて四要素を最適に組み合わせることが重要となる。そして、この四要素の組み合わせを、プロモーション・ミックスという。

　たとえば、新製品が市場に導入されたときは、消費者にその製品のブランド名や特徴を明確に認知させなくてはならない。そのために、マスメディア広告を大量に投入したり、パブリック・リレーションにより当該製品

の専門家に批評してもらうことなどの方法が有効である。また、購買の最終意思決定においては人的販売を活用し、製品のより詳細な情報を消費者に伝えることが重要となる。このように製品・サービスの質やライフサイクルの段階の違いによって最適なプロモーション・ミックスを企業は考案することが他企業と競争を勝ち抜く上で重要な要素となる。

第2節　■　高価格製品におけるブランド戦略と広告の機能

1　高価格製品と認知的不協和

　ブランド力を構築するためには、広告コミュニケーションの役割が欠かせないのは周知の事実である。もちろん、広告だけが強いブランドを構築する手段ではないし、消費者と企業を結ぶコミュニケーションはあらゆる消費者接点におけるコミュニケーション活動を含むより広義な概念といえる。しかし、日本市場において企業がブランド認知を獲得し、消費者のブランド選択の手掛かりとなるブランド連想を形成するためには、マス広告を中心とした広告コミュニケーションが有効であるのは紛れもない事実である。重要なのは広告の受け手である消費者が当該の広告をどのようにとらえ、いかに活用しているかを把握することにある。時代によって企業の広告戦略が変化しているように、消費者の広告の受け取り方も変化している。そのため、この節では新たな広告の役割を模索する。その手掛かりとして認知的不協和の理論を再考する。

　ところで、日常品は多岐に渡るメディアを利用しながら、広告を連呼し消費者に訴求することで、イメージを定着させ製品の認知度を高めるのに有効である。買い替えが多い製品のため、ブランド名を認識することで指名購入が期待できる。

　これに対し、高価格製品はいかなる戦略により、リピーターを創造する

ことが可能であろうか。高価格製品の場合、日常品とは対照的に頻繁に買い替えをすることが少ない。また、購入しても同じ製品カテゴリーの他社ブランドと比較することができない。たとえば、冷蔵庫を購入した消費者がいたとする。冷蔵庫は比較的高額な家電製品であり、買い替えるのは故障して使用できなくなった等の必要に迫られた場合に限られる。この消費者は二つ以上の別ブランド製品を小売店から配送してもらい、一定期間、使用してから気に入ったものを購入することは事実上、不可能である。

　もう一つの例を想定してみる。ある消費者が自家用車を購入したとする。当然、自家用車は高価格製品であり、計画購入がなされる。つまり、消費者は事前に広告やパンフレット等で情報を集める。さらに、ショールームに出向き試乗して販売員の意見を参考にするなどの吟味をして購入する製品である。しかし、購入後は自分の購入した車が本当に最良の選択であったかを確認する術がない。仮に、知人・友人に当該車の批評を求め、他車にすべきであったという意見を受けても買い替えは不可能である。

　しかし、高額であるがゆえ、自分の購入した製品は他社に比べて良いものかを確認したい欲求に駆られる。自分のブランド選択の正当性を確認できたら、たとえ日常品のように購入する機会は少なくとも、次回購入する場合は、同一のブランドを選択し、リピーターとなる確率は大きい。なぜなら、現代は企業の技術が発達し、ブランド間で品質の差を認識できることは少なく、多くの顧客は安心をブランドに求める。その安心感はブランドによるイメージであり、選択の正当性が確認できれば、そのイメージはますます、向上する。

　ここで重要な要素となるのが認知的不協和の概念である。認知的不協和理論は、人がある意思決定をするとき、頭の中に起こる不安な気持ちと、それを解消しようとする努力に関するものであり、1957年にフェスティンガー（Leon Festinger）が発見した。フェスティンガーは、フォードが新車を出す際に、誰が一番熱心に広告を見るのかを調べているときに、この理

```
企業 → 新車発表 → 広告を投下   絶対に悪いことは
                              謳われていない
プロモーション・ターゲット
                  注目!!
購入予定者        当該の車を買ったばかりの人たち
```

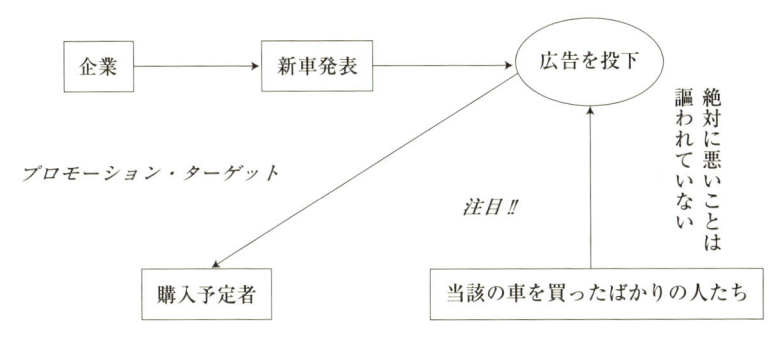

図3-2　認知的不調和が生じる過程

論を発見した。通常、広告は広告されている製品を購入しようとしている人が、その製品の情報を事前に得ようと熱心に見ると思われる。しかし、実際はフォードの新車を買ったばかりの人が一番熱心に広告を見ていたという事実をフェスティンガーは発見したのである[7]。フォードの新車を購入したばかりの人とは、これからそれを購入する可能性の一番低い人々である。新製品告知や製品販促を目的としていた情報伝達手段である広告が、売上に結び付かないのであれば、当初、企業は予想外の結果を得て戸惑ったであろうことは容易に想像がつく。なお、認知的不協和が生じる過程を図3-2に示す。

また、図3-3に示すように、情報の接触過程で、顧客は当該のブランドを選択した意思決定の正しさを自分に納得させたいという欲求が購買後に生じる。当該の広告はこの目的のために非常に適切である。なぜなら広告は、購買行動を喚起させるためのものだから、不協和を顧客に認識させるようなことは絶対に謳われていない。多くの購買は妥協の産物であるため、顧客は自身の購買行動に関して購買後に不協和を感じるのである[8]。そのため、不協和を軽減するために当該の広告に注目するのである。顧客が購入した当該ブランドと代替のブランドに明確な品質の差があるとき、購買後の評価は当然、その差に基づいてなされるであろう。しかしながら、

第3章　広告コミュニケーションと高価格製品のブランド化

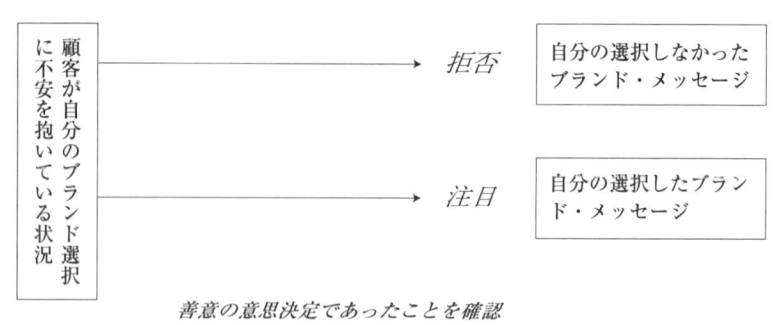

```
┌─────────┐                    ┌──────────────────┐
│顧客が自分の│ ──→  拒否  ──→  │自分の選択しなかった│
│ブランド選択│                  │ブランド・メッセージ │
│に不安を抱い│                  └──────────────────┘
│ている状況 │                   ┌──────────────────┐
│         │ ──→  注目  ──→  │自分の選択したブラン│
└─────────┘                    │ド・メッセージ    │
                               └──────────────────┘
```

善意の意思決定であったことを確認

図3-3　情報の選択的接触

今日のように技術が発達した状況下では、明らかな品質差を立証することのほうが困難である[9]。製品の基本機能を補完する二次的要素であれば、ブランド間に差は出てくる場合もあるが、製品の基本機能における水準では、このことは顕著であると思われる。それでも購入者は自分のブランド選択に不安を持つ場合が多い。友人や知人に、良い物を買ったのか、悪い物を買ったのかの評価を問うことはその好例である。したがって、購買後の評価は客観的なものではなく、大部分が認知的不協和が解消されたかに依存することになる。

広告を送り出す企業側も、売上高にいかに相関があるかという観点ばかりで広告をとらえるのではなく、買い手の購買後に、必然的に起こるこの不協和をいかに解消できるかに広告の役割の一つがあることを認識する必要がある。広告効果の既存の研究と異なり、認知的不協和は量的に測定することは不可能とされている[10]。しかし、認知的不協和が速やかに解消されれば、買い手はその製品、あるいは当該ブランドに対して満足感を持ち、以後、その種の製品を買うときは、そのブランドを買うことに動機付けられることになる。

ところで、1957年の古い理論をあえて再検証する理由は、現代における情報環境の変化にある。インターネットの普及により誰しもが情報の受発

信者になれる今だからこそ、広告活動として、認知的不協和を解消できるシステムを導入することが重要課題なのである。換言すれば、マスメディアを用いた広告は、企業からのワンウェイの情報発信なので、対象者との双方向の対話ができる場を創造できれば、いっそう強力な広告戦略となる。現代では、車を購入したばかりの人が、当該車の特集記事が掲載されている雑誌を購入する傾向がある。本来、雑誌を購入するより、すでに所有しているわけであるから、ガレージに出向いて現物を眺めて使用説明書を読んだ方が、はるかに情報量は多く確実なものである。しかし、雑誌を購入して人々はブランド選択の正当性を確認して、自らを納得させているのである。インターネットが普及し消費者は求める情報を在宅しながら獲得できるようになった。だからこそ、マスメディア広告とは異なった広告コミュニケーションが必要である。

　具体的には、製品を購入した顧客のデータ・ベースをもとに広告としてEメールを、対象者個別に配信して対応するというシステムを構築することが一例として考えられる。そうすれば、既存の顧客データ・ベースを拡張し、さらなる嗜好やニーズの詳細な情報を蓄積していくことも可能になる。広告の送り手は、アフターサービスとして当該製品・サービスを購入したことの意義や使用方法を送ることができる。また、顧客に対して製品・サービスに何を求めているか、あるいは、今後どのように企業との関係構築を望むか（DM、電話、Eメール、訪問、コンタクト不要等）の意見を求めることもできる[11]。顧客が製品購入後、自分の選択が正しかったかを納得するために、マスメディアの広告を自ら探求しなくても済むのであるから、認知的不協和も自然と解消され、当該企業に対するブランド・イメージは向上することになる。

2　広告コミュニケーションの今後の課題

　以上のように広告を中心に消費者とのコミュニケーションを認知的不協

和の理論とともに考察してきたが、商品一つを消費者が選ぶにしても、必要な情報は広告からしか得られないわけではない。今や消費者は、インターネット等の新しいメディアや口コミなどさまざまな情報を総合して、商品の価値を判断している。その意味では、品質の競争よりも情報の内容で企業は勝負しているといっても過言ではない。したがって、広告主は人々が受け取るすべての情報を検討・調査しながら、その震源地として広告を創造する必要がある。

　ところで、広告は時代を映し出す鏡であると表現する人がいる。しかしそれは、学校や職場でテレビCMやそのコピーが話題になるという単純なことを意味するわけではない。広告は常に生活する人々の願望や欲求とともに存在し、その時代における人々の欲求の変化やトレンドの変化とともに広告もその姿を変化させている。また、広告の内容、そして役割・機能は同じ時代でも国によって、地域によってさらに細かく変化していく。したがって、広告主となる企業は敏感に対応するマーケティング努力が必要である。とりわけ、成功しているアメリカ企業の強さは資本力よりもマーケティング力によるものだとの指摘を耳にする。つまり、その時代の消費者ニーズに合った製品・サービスを創造し、好みに合った売り方をするというアメリカ企業のやり方が、その強みの根源であると思われる。

　一方、アメリカ企業に対しての日本企業の強みは消費者が肌で感じ取れるということにあった[12]。およそ30年前までの日本のマーケティングは今ほど複雑ではなかった。なぜなら、当時の日本人は価値観やライフスタイルが同質であったからである。つまり、自分で欲しいと売り手が思うモノが、そのまま買い手の欲するモノであったのである。すべて自分の身に即して考えればマーケティングは十分に機能したのである。したがって、広告の創造も「この商品をこんな感じで使用すれば生活が便利になるだろう」という提案をしていれば間に合っていたのである。ところが、日本経済が成長をとげ、次々と新製品が吸収されると人々の価値観やライフスタイル

は変化し、同質性であることが困難となった。そのため、アメリカ企業が行っているリサーチを通じてのマーケティング努力が欠かせなくなった。市場が飽和している現代も勝ち残っている企業はさまざまなヒット商品を生み出しているのが現状である。それは、マーケティング努力によるものといっても過言ではない。

　たとえば日本市場のモノだけを見ても、かつての三種の神器以降、経済成長や人々の欲求の上昇に合わせてさまざまなブームが沸き起こってきた。平成の時代になってからは、カーナビ、パソコン、携帯電話を平成三種の神器と呼ぶ人さえいる。これらの商品は昔でいえば、特撮やアニメの中のヒーローが使用する架空のモノであった。それが、現実となり必需品になりつつある。これも企業のマーケティング努力の賜物である。さらに近年は、モノから心へ、つまりモノがもたらす豊さが飽和して、気分や経験、理想の人のライフスタイルさえも人々の欲求の対象である。広告は人々の欲求を念頭に創造され、人々の欲求を刺激する。広告にイメージ・キャラクターといわれるタレントやスポーツ選手がよく登場するのはそのためである。有名人が推奨している商品を購入することで、憧れの人のライフスタイルに近付けると思わせる戦略である。その意味でも、広告は人々の夢や欲するものを創造するコミュニケーション活動であるといえる。

　当然、人々の欲求はその時代を生きる人々の暮らしの中に存在する。したがって、広告も人々の暮らしに密接に関わっている必要がある。つまり、広告を研究領域とする場合、単に消費者や広告を眺める視聴者としてだけでなく、生活者としての実態をよく知ることが必要である。そのために、今後の課題解決の一つの方策として「ポストモダン」の概念を取り入れる必要がある。なぜなら、従来の「大量生産・大量消費」というマス・マーケティングでは、消費者を生活者としてとらえることなく、人々を定量的に扱い、購買行動についての仮説検証を行うことに重点を置いてきた。こういったアプローチは、製品が提供する本質的な機能で消費者が満足でき

た時代には問題がなかったが、消費者ニーズが多様化している現在では適確に市場をとらえられないという批判も見受けられる。そこで、過去から現代までのさまざまなものを混成させ、新たな魅力の発見を試みる「ポストモダン」の概念に基づくマーケティングの考え方が提唱されるようになった。

　周知のごとく、現代は製品の本質的な機能だけで、企業が競争優位を勝ち取ることは不可能である。たとえば、ファッション性の高い衣服等は、ブランド価値に代表されるように、感覚的・情緒的要素が重要となるし、実用性が重視される家電製品および食品においては、環境に配慮するなどの社会的要素が中心となる。また、芸術性に関わる映画や音楽に関しては、元来の消費者行動研究では限界がある。さまざまな製品・サービスにおいて実体をつかみにくい象徴的要素が重要視されているのが現状である。

　したがって、ポストモダン・マーケティングでは、生活全体や文化といったより広い視点での理解を目指し、消費者を生活者として考察する。購買行動だけではなく、製品・サービスの使用体験、そして廃棄プロセスまで消費全体を一体としてとらえるのである。そしてまた、購買行動の要因となる生活者心理をより適確に把握することで、新たな製品・サービスの開発・改良につながる、新しいコンセプトの創造を試みるのである。

　その調査方法は、定性的アプローチが用いられる。客観的に調査対象者をとらえるのではなくて、対象者に対する共感的な理解や分析者の主観的な解釈を重視する点に特徴がある。したがって、従来からの科学的な調査方法をとるのではなく、多様化する生活者の価値観を把握しようとする調査方法であるといえる。

■ 注
1）田内（1991a）p.162
2）Borden and Marshall（1959）片岡訳編（1964）p.425
3）Kotler（1996）村田監修（1996）p.520
4）小林（1983）p.12
5）Rossiter and Percy（1997）青木・岸・亀井監訳（2000）p.4
6）梶山（2005）p.224
7）田内（1991b）pp.64-65
8）Schiffman and Kanuk（1991）p.34
9）田内（1991b）p.66
10）田内（1991a）pp.64-65
11）ブレインゲイト㈱（2002）pp.186-190
12）田内（1991a）pp.30-32

■ 参考文献
雨宮史卓（2006）「アメリカの広告事情」『アメリカを知る』なでしこ出版
雨宮史卓（2008）「企業と消費者を結ぶ広告コミュニケーション」『コミュニケーション・マーケティング』白桃書房
荻迫一郎監修（1997）『広告』二期出版
梅沢昌太郎・雨宮史卓編（2005）『マーケティング論概説』記録舎
梶山皓（2005）『広告入門』（第4版）日本経済新聞社
小林太三郎（1983）『現代広告入門』（第2版）ダイヤモンド社
田内幸一（1991a）『市場創造のマーケティング』三嶺書房
田内幸一（1991b）『マーケティング』日本経済新聞社
棚部得博編著（2000）『マーケティングがわかる辞典』日本実業出版社
ブレインゲイト㈱（2002）『ブランディング』日本能率協会マネジメントセンター
Borden, N.H. and M.V.Marshall（1959）*"Advertising Management: Text and Cases"*, Homewood, Illinos Richard.D.Irwin 片岡一郎訳編（1964）『広告管理』日本生産性本部
John R.Rossiter & Larry Percy（1997）*"Advertising Communications & promotion management"* 青木・岸・亀井監訳（2000）『ブランド・コミュニケーションの理論と実際』東急エージェンシー出版部
Kevin Lane Keller（1998）*"Strategic Brand Management"* 恩蔵直人・亀井明宏訳（2000）『戦略的ブランド・マネジメント』東急エージェンシー出版部
Philip Kotler（1984）*"Marketing Essentials"* 宮澤・十合・浦郷共訳

(1990)『マーケティング・エッセンシャルズ』東海大学出版会
Philip Kotler (1991) *"Marketing Management"* 村田昭治監修 (1996)『マーケティング・マネジメント』(第7版) プレジデント社
Philip Kotler & Gray Armstorong (2001) *"Principles of Marketing, Ninth Edition"* 和田充夫監訳 (2003)『マーケティング原理』(第9版) ダイヤモンド社
Leon G.Schiffman & Leslie Lazar Kanuk (1991) *"Consumer Behavior"* Englewood Cliffs, N.J. : Prentice-Hall

第4章

コモディティ製品のブランド化

第1節 ■ コモディティ製品の特徴

　マーケティング理論上でコモディティ（Commodity）という用語に関して明確な定義がなされていない。「商品」、「日常品」あるいは「生活必需品」と訳されているのが現状である。しかし、商品の意味一つをとっても、単なるグッズ（Goods）や、マーケティング戦略を実施し、他企業の競合商品と差別化をはかって成立する商品としての意味でのマーチャンダイズ（Merchandise）など多様である。したがって、この場では市場の動向を踏まえつつ、「コモディティ製品」と「コモディティ化」の意味を明確にする必要がある。

　コモディティ（Commodity）という単語自体は、com（一緒の）＋ mod（尺度）＋ ity（状態）からなり、「単一の尺度で測れる状態になったもの」[1]と解釈することが可能であると思われる。B・J・パインⅡ（B.Joseph Pine Ⅱ）とJ・H・ギルモア（James H.Gilmore）は、コモディティを次のようにとらえている。「もともとコモディティという言葉は、自然界から得られる産物を指す。植物なら地上で栽培し、収穫をする。鉱物なら地中から掘り出し、採掘する。動物なら地上で育て、食肉として解体する。企業は、そうして得たコモディティに若干の加工や精製を施し、大量に貯蔵して市場に運ぶ」[2]としている。また、「差別化できないので、コモディティ市場は需要と供給のバランスだけで価格が決められる」[3]とも述べている。

確かに、メーカーによって加工される以前の産出物であれば、品種や等級などの若干の差異はあるにせよ、同じ等級であればまったく差別性を認識することができず、代替可能な製品となる。

一方、コモディティ製品についてケラー（Keller,K.L.）は「コモディティとは、極めて基本的であるために消費者の心の中で物理的に差別化できない製品のことである。しかし、各製品カテゴリーで消費者が意味ある差異を確認するとブランド化される可能性がある」4) と述べている。また、ステープル・グッズ（Staple Goods）と同義語でとらえる見解も見受けられる。それは、「頻繁かつ規則的に購買される日常必需品（主要商品）であり、恒常的な需要があるため小売店は常時在庫しておく必要がある。多くの場合、ブランドによって差別化されることが殆ど無く、主として価格に基づき販売され、コモディティとよばれる」5) としている。

これらの考察から、コモディティ製品とは、人が生活する上で日常必需品であり、基本的な機能や便益が備わっていれば購入する商品群であると理解できる。また、同じ製品カテゴリーにおいてブランド要素が明確に消費者に認識されていないといえる。すなわち、競合企業の製品との機能やベネフィットの差別性が示されていないために、ブランド力の構築がなされていない状況である。

消費者行動の観点でいえば、コモディティ製品とは高価格製品や嗜好性の要素が強い商品とは対照的に、頻繁に定期的に購買されるものである。また、消費者は計画的にそれらを購入するわけではない。洗剤、シャンプー、歯磨き粉、トイレットペーパー等を想定すれば明白なように、日常生活においてたまたま容器が空になりそうだからとか、買い置きがなくなって最寄り店に買いに行くものである。そのため、小売店側は、恒常的な需要があるため常時在庫しておく必要があるが、コモディティ製品の多くは、ブランドによって差別化されることが少なく、主に価格に基づいて購入される傾向にある。

したがって、コモディティ製品の場合、消費者にとって日常不可欠な商品ではあるが、企業間では価格競争に陥りやすく、「あちらの店の方が安い価格で売っていた」等の理由により選択されるケースが多いのが現状である。スーパー等の小売店では主力商品であるが、メーカーにとっては価格競争を余儀なくされる商品群である。モノ不足の時代においては、チェーン・システムを展開している小売店にとっては、常に消費者の手元に配置し安価に提供することがリピーター確保のために重要な訴求点となるが、市場が飽和している状況下ではコモディティ製品は必要な量だけ手に入ればよいのが現状である。

　さらに、これらは趣味や嗜好により消費される製品とは異なり、コモディティ製品を購入することは楽しみとはならない。したがって、消費者はその消費を必要最低限に抑えるため、価格に大きく左右される。消費者が評価するサービスや特定ブランドを購入するためにコモディティへの支出は極力倹約される傾向となるであろう。つまり、どの家庭にとってもコモディティ製品はなくては困るものではあるが、その消費量は世帯人員数に大きく影響される。洗剤、歯磨き粉、さらに食品の調味料等は一家族が共同で使用するものである。現在の日本市場のように、シングル・マーケットが脚光を浴び、単身世帯数が増加する状況下ではコモディティ・マーケットは縮小の一途をたどり、価格競争が激化することが必至である。以上のことから、コモディティ製品の特徴を示すと下記のようになる。

　①頻繁かつ規則的に購入される日常必需品
　②恒常的な需要がある
　③ブランド要素に差別性を発揮しにくく、消費者にとって代替可能
　④消費量が市場規模に相関して縮小する
　⑤価格競争を余儀なくされる

第2節 ■ 現象としてのコモディティ化

　一方、「コモディティ化」の意味に目を移すと、パインとギルモアは、「自社製品やサービスが差別化できなくなり、マージンは底抜けに低下し、消費者はひたすら価格の安さだけを基準に製品を買う」[6]という状態のことをコモディティ化としている。また、コトラー（Philip Kotler）は、供給者側が購買者に対する駆け引きの戦術として、その意味を示している。それは、「決め手が価格だけだとほのめかす方法である」[7]としている。

　ところで、上述に例としてあげた日常必需品の多くは、新製品として市場に投入される時点でコモディティとして消費者にとらえられることを企業は想定していない。つまり、それらの多くは連日、マスメディア広告によって当該のブランド・イメージを定着させようと戦略がねられている。その意味では、明らかに市場導入の時期はマーチャンダイズ商品である。現に、1980年代までシャンプー市場における売上1位の製品コンセプトは「フケ、かゆみを抑え髪の汚れを素早く落とす」というものであった。そのため、どのメーカーも同様なコンセプトで競合ブランドを投入したため、価格競争が激化していた。やがて、消費者ニーズに変化が見られ、「髪のコンディショニングを整える」というコンセプトが脚光を浴び、一部のメーカーのそのコンセプトが消費者に認知されると、かつての定番商品が崩壊し、そのコンセプトの商品が市場でNo. 1となった[8]。しかし、現在のシャンプー市場はすべてのメーカーが、このコンセプトを念頭に新製品を企画しているので、類似品が店頭に並び、一部の有名美容室の店名をブランドに付与したものを除いては価格競争が起こっているのが現状である。

　このようにコモディティ化とは、消費者ニーズに適合し高付加価値であった製品の市場価値が低下し、一般的なものとなり価格によってブランドが選択される状態になったことを意味する。したがって、製品導入期には

高価格である商品も製造、販売、流通経路の確立により、どのメーカーのものも差別性がなくなり、求めやすい価格で販売されるような傾向もコモディティ化といえる。

　世帯普及率が急速に高まった、パーソナル・コンピュータや携帯電話などは、その典型的な例であるといえる。PCは今や規格化された部品を組み立てれば製品として成立するので、技術を要せずに容易に価格競争に陥っており、技術としての競争優位性が各社保たれてない。また、携帯電話は安価な加入料金を徴収するだけで、電話本体は無料のケースもありうる。通話・メールの料金も価格の安さをプロモーションの訴求内容の第一義としている。これはサービスを売るために製品を無償で提供しているといえる。たとえ、無形性のサービスであっても取引が成立すれば商品である。かつては、サービス提供に使われる製品よりもサービスそのものを消費者は高く評価していたが、サービスも規格化と認識されると価格競争が起こる。

　コモディティ製品自体の意味は前述の①～⑤の特徴がある商品であったが、コモディティ化の流れはあらゆる市場で起こりうる。ハイテクの集合体である高性能製品や無形財としてのサービスさえも価格だけで取引が可能な程度に品質・内容が標準化されてしまえば、コモディティ化を意味するのである。したがって、企業間の価格競争を回避するためにも、ブランドにより消費者が選択するような戦略策定が必要になる。換言すれば、コモディティ製品はブランド化し、付加価値が付与されて導入された製品・サービスはライフサイクル上でコモディティ化の到来を防ぐことが急務となる。

第3節　■　コモディティ製品のブランド戦略

　企業間のブランド競争が価格競争に巻きこまれないように、基本の製品

コンセプトは維持しながらも、それを拡大・分散することにより消費者に指名購入を促す戦略が行われている。とりわけ、飽和状態にあるコモディティ製品の市場ではそれが顕著に現れている。

新製品ブランドが市場に導入され、消費者が当該ブランドを購入することをトライアル購入と呼び、再びそのブランドを購入したことをリピート購入と呼ばれる[9]。このトライアル購入とリピート購入には製品コンセプトの概念が大きく影響する。製品コンセプトとは、一例として「新製品開発において見込み客の反応を知るために準備される言葉や絵による表現」[10]と理解される。したがって、消費者は広告を中心としたプロモーションにより、当該製品を得たときのイメージを描き、コンセプトの内容を理解することになる。そのため、トライアル購入は製品の品質ではなく、コンセプトを受け入れたにすぎない。

たとえば、ある食品の新製品ブランドが市場に導入され、企業がプロモーション活動を行ったとする。消費者はテレビのCM等を見て好印象を得ると「おいしそうだ、試してみよう」と思い購入することになる。この状況下では新製品であるがゆえに、今まで購入したことがないわけであるから、あくまでもプロモーションによって創造された製品コンセプトに反応して購入したことになる。そして、実際にその食品を食べて満足すれば、再購入し、この場で初めて製品の品質自体を受容したことになる。

このことは、とりわけコモディティ（commodity）製品の場合には戦略上、重要な要素となる。コモディティ製品とは日常必需品を意味し、頻繁に定期的に購買されるものであり、消費者は計画購入するものではない。そのため、コモディティ製品の多くは、ブランドによって差別化されることが少なく、主に価格に基づいて購入される傾向にある。したがって、コモディティ製品の場合、消費者にとって日常不可欠な商品ではあるが、企業間では価格競争に陥りやすい商品群である。企業間の価格競争を回避するためにも、ブランドにより消費者が選択するような戦略策定が必要になる。

換言すれば、コモディティ製品をブランド化することが急務となる。

　これまでのコモディティ製品は消費者にとって、なければ困るが、あったからといって特別な意味を持つものではなく、必要なときに必要な量だけ手に入ればよいものにすぎなかった。それは製品のコンセプトが、どのブランドも同様なものがほとんどだったからである。たとえば、歯磨き粉を例にとるとわかりやすい。歯磨き粉の製品コンセプトは市場競争が激しくない時代には、単に「歯の汚れを落とす」というのが一般的であった。ところが、競争が激しくなるにつれ、各企業とも製品ラインを拡張して、それぞれのブランドを差別化した製品コンセプトを創造している。虫歯予防、口臭予防、美白効果、歯槽膿漏予防等のコンセプトを導入し、消費者のベネフィットを細分化している。このような状況になると消費者は自分のニーズに対応したブランドを選択購入することになり、価格による選択を企業側は免れることになる。また、就寝前は虫歯予防の製品コンセプトを選び、出掛ける前には口臭予防のものを使用するなど、一人の消費者がそれぞれの用途に合った複数のブランドを同時に買い揃える可能性も出てくる。いずれにせよ、「歯の汚れを落とす」という基本の製品コンセプトは維持しながらも、消費者ニーズに適合した新たなコンセプト製品を創造することが重要である。

　また、上述の食品のカテゴリーでいえばコモディティ製品の典型としてはインスタント・ラーメンがあげられる。インスタント・ラーメンが市場に導入された当初の製品コンセプトは「お湯を入れるだけで、気軽に空腹を癒す」というものであった。その製品自体が認知されコンセプトが理解されるとライフサイクル上で成長期に入り、他企業が参入してくる。各企業が似たような製品コンセプトでは、値段によって消費者は選択することになる。そこで、豚骨、塩、醬油のように味付けを細分化し好みや気分によって選択されるような状況を製品コンセプトを通して提供したのである。昨今のようなラーメン・ブームでは、有名ラーメン店の店名をブランド名

にするなど、「空腹を癒す」という製品の基本コンセプトは維持しながらも、それを拡大、分散して消費者ニーズに応える差別優位性をコンセプトの中に導入している（図4-1参照）。

　コンセプトは消費者に理解され認知されて初めて、指名購入される可能性が出てくる。したがって、広告コミュニケーションによるコンセプトの創造が不可欠である。日常品であるからこそ製品を購入したときのベネフィットを訴求して、使用機会を提案するのである。歯磨き粉の広告例でいえば、虫歯予防の製品コンセプトでは、子供を登場させ歯を磨くことの重要性を訴え、美白効果のものでは、タレントを登場させて使用後の効果を訴えるのである。また、歯槽膿漏などを予防する製品コンセプトでは歯科医師による推奨広告が多々みられるのは消費者に対して当該ブランドの購入後の差別優位性を訴えるためである。広告コミュニケーションにより、コンセプトが確立できれば、消費者に対するブランド・イメージが定着し、価格ではなく、ブランドによって指名購入されることが期待できる。

　逆にコンセプトを拡大あるいは、分散しにくい製品は価格が下落し、縮小の一途をたどる。トイレットペーパーや洗濯洗剤がそれにあたる。トイ

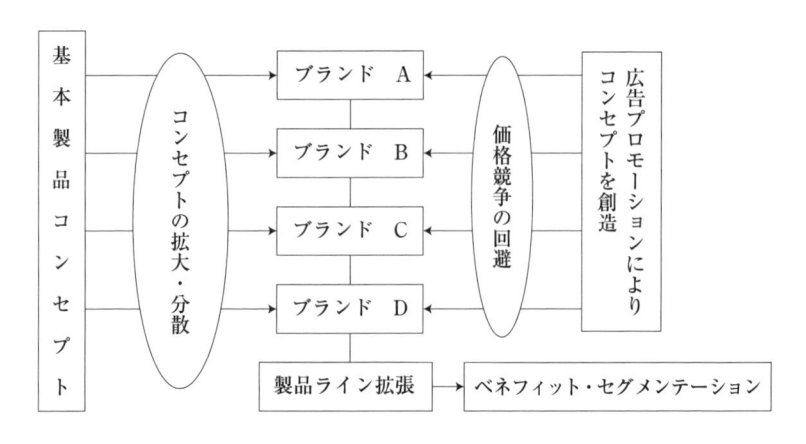

図4-1　製品コンセプトの拡大・分散

レットペーパーの新たな使用機会や用途をコンセプトに導入するのは困難であるし、洗濯洗剤は濃縮洗剤が市場に登場して以来、「さらに白く」というように当該ブランドは他のブランドと比較してより強く汚れを落とすという製品コンセプトが継続している。消費者は各社ともに技術に差がなく、どのブランドでも汚れが落ちることを認識している。企業がこれ以上の製品コンセプトを創造できないでいる典型的な例である。消費者行動の観点から見ても、趣味や好みにより消費される製品とは異なり、コモディティ製品を購入することは楽しみとはならない。したがって、消費者はその消費を必要最低限に抑えるため、価格によって大きく左右される。さらに、どの家庭にとってもコモディティ製品はなくては困るものなので、その消費量は世帯人員数に大きく影響される。現在の日本市場のように、シングル・マーケットが脚光を浴び、単身世帯数が増加する状況下では価格競争が激化することが必至である。だからこそコモディティ製品のブランド化が重要な観点となるのである。

第4節 ■ ブランド・イメージと広告コミュニケーション

　消費者は、ブランドに対するイメージを広告によって定着させることも多々ある。上述の広告コミュニケーションにより製品コンセプトが確立されると指名購入が期待できるのは、ブランド・イメージが消費者に対して定着した好例といえる。そのため、この場ではブランド・イメージと広告コミュニケーションの関連性を考察する。
　広告の役割はブランド主張の手掛かりとなるだけでなく、ブランド・ネームとそれを明確に結びつけ、他のブランド・メッセージに対抗してそれを維持するという課題を持っている。換言すると、ブランド・エクイティの構築に向けた広告戦略は、自社ブランドを競合ブランドから差別化しうる首尾一貫したメッセージやコミュニケーションの方法を含まなくてはな

らない。

　問題はブランド知識を構成する主要な要因であるブランド・イメージを通して、広告がブランド・エクイティにどのような影響を与えるかということである。バイエル（Biel, A.L.）は、ブランド・イメージとは、ブランド・エクイティに影響する「ブランドと結びついた連想」、すなわち、「消費者がブランド・ネームと結びつけて考える属性や連想の固まり」であると主張する[11]。この過程をブランド・イメージに及ぼす広告の影響という視点から詳細にとらえているのがキルマーニ＝ザイサムル（Kirmani, A. and V.Zeithaml）のモデルであると思われる。

　図4-2が示すように、ここでの特徴としては、ブランド・イメージに大きな影響を与える要因として「知覚品質（perceived quality）」を中心に、それに対する広告の影響を明確にしようと試みている点にある。

　知覚品質は、製品の全体的な優位性に関する消費者の判断であり、具体的な属性よりも抽象度の高い概念である。図4-2からも明らかなように、それは直接的に品質に言及することによって知覚品質に影響できる。他方、広告は、知覚価値ないしブランド態度という構成概念を通して間接的にブランド・イメージに影響する。またブランド態度を決定する要因の一つでもある[12]。

　知覚価値は、一つの製品に対する消費者の全体的な評価のことである。たとえば、品質や満足感に基づく評価や価格に対する評価のことである。そしてそれは、製品のブランド・イメージやポジショニングに基礎を置くことができる[13]。

　広告が知覚品質にいかに影響を及ぼすのかを理解するには、どのように品質知覚が形成されるかを考察しなくてはならない。品質を推定するものも、この知覚品質モデルに示されている。その場合、品質のシグナルとなるのが、「内在性のきっかけ」と「外在性のきっかけ」である。前者は、製品の具体的で物理的な特性ないし、低レベルの特定のブランドの信念で

```
    内在性のきっかけ                ブランド態度
    Intrinsic Cues                Brand Attitude


         抽象次元        知覚品質        ブランド・イメージ
    Abstract Dimensions   Perceived Quality   Brand Image


    外在性のきっかけ                知覚価値
    Extrinsic Cues               Perceived Value
```

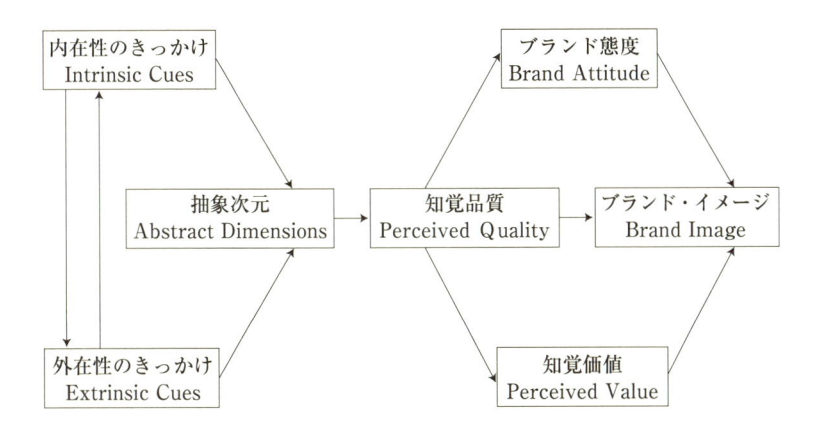

図4-2　知覚品質モデル（The perceived quality model）

出所：kirmani and Zeithaml, *"Advertising, Perceived Quality, and Brand Image,"* in D.A.Arker and A.L.Biel（ed.）, Lawrence Erlbaum Associates, Publishers, 1993. p.145.

ある。たとえば、製品の色、生地、燃費、馬力などである。これに対し後者は、製品に関連してはいるが、物理的な製品の一部ではなく、それを変更しても物理的な製品を変更したことにはならないものである。たとえば、ブランド・ネーム、広告レベル、品質に対する外在性のきっかけである保証などがそれにあたる[14]。

上述の簡単な例としては、わが国の自動車産業の広告がある。エアバック付きの機能を訴えることで、安全対策が備わっているというブランド信念を勝ち取ったのは、内在性のきっかけによるものであるとしたら、外在性のきっかけとしては、価格、アフターサービス、販売店といった製品の外部にあたる属性を指すのである。

このように、キルマーニ＝ザイサムルのモデルは、何らかのきっかけ（内在性および外在性）を通じて消費者がブランドの品質を知覚する段階（＝品質知覚）を経て、一方ではブランドへの態度の形成が、また他方ではブランドの持つ価値の知覚が想起され、両者の経路からの影響の可能性を持ちつ

第4章　コモディティ製品のブランド化　　59

つ、品質知覚もブランド・イメージの形成へ直接的に影響を及ぼすという複線的な過程モデルの形態をなしているのである。

広告はその中で明示的に品質に訴えることによって、直接に知覚品質に影響できる。また内在性のきっかけや外在性のきっかけを通して、あるいは抽象的次元から引き出された全体的な品質に関する推定を通して、間接的に知覚品質に影響できる。そのことにより消費者のブランド・イメージを形成するのである。

広告は、さまざまな連想のコミュニケーションを通じて良好なブランド記憶の内容と構造を形成する。特にブランドのさまざまな属性、きっかけについて消費者が受けた広告コミュニケーションと、それによってもたらされたブランド記憶・認知や情緒的な連想が、購買時点で実際の製品ないしブランド選択に差異的な影響を及ぼすことになる。ここにブランド・エクイティの構築における広告の役割があると思われる。

また、広告コミュニケーションの面からとらえた強いブランドの特徴として、強力なブランドはその製品カテゴリーの中で、突出性を持っていることや、消費者が信頼性と競合との差別性を知覚していること、製品コンセプトを定着させやすいこと、あるいはブランドと結びつく視覚的イメージを持っていることがあげられる。これらを構築するためには広告がきわめて重要な役割を担うことも先に述べた通りである。

一方、ブランド・エクイティに目を向けると、それを構成する各資産概念との概念的区別の問題をはじめ、その測定や具体的な管理問題に至るまで未解決な部分が残されている。特に高水準のブランド認知と肯定的なブランド・イメージをもたらすというケラーのブランド知識概念や、キルマーニ＝ザイサムルの広告・コミュニケーションの影響もより緻密な理論展開が望まれるであろう。

また、個別製品レベルでのブランド・エクイティを向上する上で、企業全体のイメージ広告も有効であると思われる[15]。そこでの論点は、企業広

告と個別製品広告との関連、前者による企業全体でのエクイティの向上と後者によるブランド・エクイティの向上とがいかに連結されるかということである。とりわけ多数の製品広告が同時に展開される場合、各ブランド・エクイティ相互間の相乗効果や全体としてのエクイティないし企業エクイティの評価が重要となる。

いずれにしても、今後、企業がブランド概念を中心としたマーケティング・マネジメントを行う上で、ブランド・イメージについての評価を見直し、もう一度、広告コミュニケーションにおける観点からブランドを見直すことがますます求められると思われる。

■ 注
1) この件に関しては、「IT media ink. 情報マネジメント用語辞典」http://www.atmarkit.co.jp/aig/04biz/commoditize.html（平成18年12月4日アクセス）を参考にした。
2) Pine Ⅱ and Gilmore（1999）岡本・小高訳（2005）p.20
3) 同前訳書、p.20
4) Keller（1998）恩蔵・亀井訳（2000）p.48
5) 宮澤・亀井監修（2003）p.145
6) Pine Ⅱ and Gilmore（1999）、同前訳書、p.10
7) Kotler（2000）恩蔵監修（2001）p.249
8) 髙谷（1996）pp.34-38を参照。
9) トライアル購入とリピート購入に関しては、大木・石井・山中（2001）p.74を参考にした。
10) 宮澤・亀井監修（2003）p.151
11) Biel,A.L.（1993）p.70
12) Kirmani, A. and V.Zeithaml（1993）p.144
13) *Ibid.*, p.146
14) *Ibid.*, pp.146-147
15) アーカーはブランドが果たすさまざまな役割をブランドの階層性を示した上で述べている。そこでは、ソニーのウォークマンやアサヒのスーパー・ドライのような、その登場により企業イメージ全体が変化するブランドの存在や、将来の成長力の確保に向けて、戦略的に育成するべきブランドについても論じている。詳しくは、Arker（1996）pp.110-114

■ 参考文献

青木幸弘・陶山計介・中田善啓編著（1996）『戦略的ブランド管理の展開』中央経済社

雨宮史卓（1997）「ブランド・エクイティの構築と広告に関する一考察」『商学論叢』（第22号）日本大学大学院商学研究科

雨宮史卓（2001）「産業構造の変化とブランド概念の進展」『マーケティング流通戦略』白桃書房

雨宮史卓（2005）「製品コンセプトの拡大と広告プロモーション」『マーケティング論概説』記録舎

雨宮史卓（2006）「ホスピタリティ概念におけるコモディティ商品の一考」『HOSPITALITY』（第13号）日本ホスピタリティ・マネジメント学会

雨宮史卓（2008）「企業と消費者を結ぶインタラクティブ・マーケティング」『コミュニケーション・マーケティング』白桃書房

大木英夫・石井禎・山中幸信（2001）『マーケティング計画の立て方・つくり方』日本能率マネジメントセンター

島田陽介（2003）『これが流通の「新常識」です。』オーエス出版

高谷和夫（1996）『時間マーケティング』産業能率大学出版部

宮澤永光・亀井昭宏監修（2003）『マーケティング辞典』（改訂版）同文館出版

和田充夫（2002）『ブランド価値共創』同文館出版

「IT media ink. 情報マネジメント用語辞典」http://www.atmarkit.co.jp/aig/04biz/commoditize.html（平成18年12月4日アクセス）

B.Joseph Pine II and James H.Gilmore（1999）*"The Experience Economy"* 岡本慶一・小高尚子訳（2005）『経験経済 脱コモディティ化のマーケティング戦略』ダイヤモンド社

Kevin Lane Keller（1998）*"Strategic Brand Management"* 恩蔵直人・亀井明宏訳（2000）『戦略的ブランド・マネジメント』東急エージェンシー出版部

Philip Kotler（2000）*"Marketing Management Millennium Edition"* 恩蔵直人監修（2001）『マーケティング・マネジメント』（ミレニアム版）プレジデント社

Biel,A.L.（1993）*"Converting Image into Equity,"* in D.A.Arker and A.L.Biel（ed.）, *Brand Equity & Advertising: Advertising's Role in Building Strong Brands*, Lawrence Erlbaum Associates, Publishers.

D.A.Arker, *Building Strong Brands*, The Free Press, 1996.

Kirmani, A. and V.Zeithaml（1993）*"Advertising, Perceived Quality, and Brand Image,"* in D.A.Arker and A.L.Biel（ed.）, *Brand Equity &*

Advertising: Advertising's Role in Building Strong Brands, Lawrence Erlbaum Associates, Publishers.

第5章

インタラクティブ・マーケティングにおける経験価値とブランド概念

第1節　経済価値としての経験価値

　第4章第2節での考察のように、コモディティ化とは、消費者ニーズに適合し高付加価値であった製品の市場価値が低下し、一般的なものとなり価格によってブランドが選択される状態になったことを意味する。製品だけではなく、サービスさえも価格だけで取引が可能な程度に品質・内容が規格化・標準化されてしまえばコモディティ化となる。低価格競争に代表される価格強調型マーケティング戦略はトップ・ブランドに対する一つの対抗策で過去は成功していた。それは、製品やサービスの大量生産がもたらす規模の経済により、価格を引き下げてもそれに見合うコストの削減ができたからである。しかし、今やこのシステムは成長も利益も保証できなくなっているのは周知の事実である。

　パイン（B.Joseph Pine）とギルモア（James H.Gilmore）は無形財であるサービスのコモディティ化を重要概念としており、成熟市場の中でサービスが差別化力を失うことによってコモディティ化し、それをさらに差別化しようとすると経験価値の付与ということに行きつくとしている。彼らはコーヒー豆をその例にあげている[1]。

　図5-1のようにコーヒー豆は採取されるときには代表的なコモディティ製品であり、カップ一杯に換算された価格は非常に低価格である。加工業者がその豆を挽いて製品としてパッキングがなされ小売店で販売される

と、品種や容量で多少のばらつきはあるものの、図のように一杯分の価格が若干上昇する。さらに、同じ豆を使用し、淹れたコーヒーが街角の喫茶店やカフェで提供されると300〜500円の価格へと上昇する。

だが、同じコーヒーでも五つ星のレストランやホテルのラウンジで提供された場合、顧客は1000円以上の価格を支払うことになる。一連のサービスが雰囲気や舞台のセットのような空間の中で演出がなされ、コモディティ、製品、サービスに次ぐ第四のレベルを実現した企業は、経験という価値を作り出していると提唱している。

とりわけ、フード・サービスにおいては、この経験価値を見出すことがより可能である[2]。ヨーロッパの高級ブランドに代表されるように製品の場合は、どこの小売店で購入したかということよりも、メーカーがどのブランドかということが消費者の頭の中にイメージとして定着する。したがって、自分の欲するブランドであったら、当該製品をどこの小売店で購入

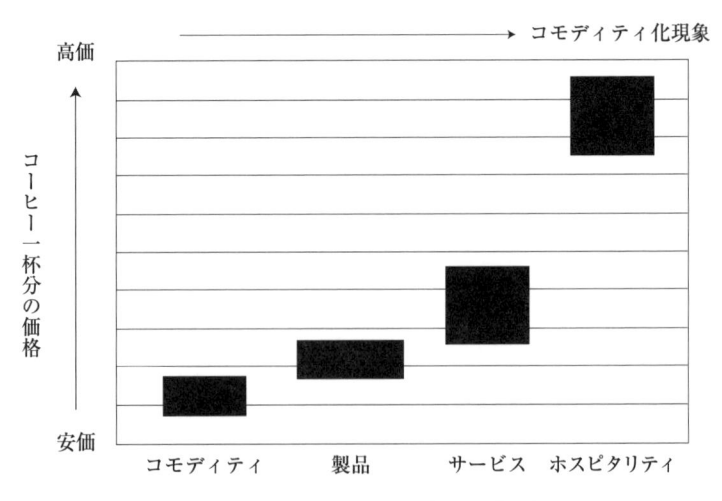

図 5-1　コーヒーの価格（経済価値別）

出所：B・J・パインⅡ＋J・H・ギルモア（2005）『経験経済』ダイヤモンド社、11頁を参考にして加筆。

したかということは重要ではない。このことは近年、リサイクル・ショップの繁栄の一因でもある。しかし、フード・サービスの場合、食品メーカーや提供されるメニューの製造者は消費者側には意識されず、「あの店のメニューはおいしかった」とか「サービスが上質であった」といったようにストアのブランド名だけが定着する。食品は製品と同様に有形ではあるが、売物が規格化されておらず顧客の要求によってカスタマイズされた無形の活動であるととらえられるために、食品という製品を上質なサービスで包んで提供されたものに顧客は評価を下すのである。

　したがって、成熟市場の中で製品・サービスが差別化を失うことによってコモディティ化し、それらをさらに差別化しようとすると経験価値の付与ということに行きつくことになる。この経験価値とは、まさにインタラクティブの概念にあてはめて考察することが可能である。なぜなら、上述したように、第4のレベルである「経験」は、企業がサービスを舞台に製品を提供し、顧客を魅了したときに生じる。製品は有形であり、サービスは無形であるが経験は思い出に残るという特質を持つ。経験を消費しようとする人は、有形であれ無形であれ、特定の時に企業が提供してくれるものに価値を見出しているのである。

　たとえば、ディズニーランドを想定すると理解しやすい[3]。このテーマ・パークは経験を経済価値として明確に志向してビジネスを展開しているため、リピーターが絶えない。子供たちを親がディズニーランドへ連れて行くのは、そこでのアトラクションやレストランでの食事を楽しむためだけではない。記念に写真に撮り、子供の成長後にその思い出を共有するためでもある。経験は個人それぞれが感じる感動や喜びといった情緒的なものである。そのため、同じ場所に複数の人が存在していたとしても、まったく同じ経験を得ているとは限らない。個人のその時々の気持ちや状況が提供されるものと相互作用する過程で、一つの経験が生まれてくるのである。

　したがって、企業が提供することに共感し、それにより経験という価値

を顧客が見出したときに、インタラクティブ・マーケティングの目的が達成されるのである。そして、企業はマネジメントにおいて経験価値を新たな競争優位の源泉としてとらえる必要がある。これまでのサービス経済のシステムとしては、提供されるサービスに納得して顧客が集まり、対価が支払われるというものであった。しかし、サービスでさえも付加価値が失われ、差別性がなくなるとコモディティ化を余儀なくされる。図5-1における横軸のコモディティ化現象とは、あらゆる製品・サービスにコモディティ化の波が押し寄せる可能性があることを意味する。そのため、機能やサービスの利便性といった価値を超える次元、すなわち経験という価値を体現した製品、サービスの提供へとマネジメントを転換させる必要がある。

また、コーヒー豆の例で見たように、コモディティから製品、サービス、そして経験へと進化するのが経済価値の本質であるように、表5-1に示すように、各々の経済価値はそもそも根本的なところから他の経済価値とは異なっている。本質的な違いがあるので、経済価値の段階が上がると、その前の段階よりも大きな価値が生み出される。

表5-1　経済システムの変化

経済価値	コモディティ	製品	サービス	経験
経済システム	農業経済	産業経済	サービス経済	経験経済
経済的機能	抽出	製造	提供	演出
売場の性質	代替できる	有形性	無形性	思い出に残る
重要な特性	自然	規格	カスタマイズ	個人的
供給方法	大量貯蔵	在庫	オンデマンド	一定期間見せる
売り手	取引業者	メーカー	サービス事業者	ステージャー（キャスト）
買い手	市場	ユーザー	クライアント	ゲスト
需要の源	性質	特徴	便益	感動

出所：B. J. Pine II & J. H. Gilmore（2005）『経験経済』ダイヤモンド社、19頁の一部の項目を変更。

先のディズニーランドを例に出せば、ディズニーランドは単なる遊園地でなく、世界初のテーマ・パークである。来場者のことを顧客とか消費者とは呼ばず「ゲスト」と呼ぶ。そこで働く人々は従業員でなく「キャスト」として扱われる[4]。ゲストはアトラクションを楽しむ以上に、そこで展開される物語の世界に入り込む経験を楽しむ。キャストは視覚、聴覚、味覚、臭覚、触覚に訴えかける作品のステージングを通して、一人一人のゲストに固有の経験を創出する。

第2節　■　総称ブランドと経験価値

　上述のごとく、コモディティ化の到来を防ぐために経験価値をいかにマネジメントしていくかが重要な鍵になるのは理解できるが、有形財である製品にも当然、コモディティ化の波は押し寄せてくる。規格化・標準化が行われやすいのは、むしろ有形財の方であり、より深刻である。そのため、この場では経験価値とは、あくまでも消費者にとっては情緒的なイメージなので、いかにして当該のイメージを企業が提供するブランドに定着させるべきかを検討する。

　ところで、ある特定のブランド名を人々が聞いて、好意的なブランド・イメージが形成された場合、高級、安心、信頼、さらには、親しみなどさまざまな要素をイメージする。これらの要素はブランド力を構築する上で重要な要素であるのは言及するまでもない。そのため、伝統的なマーケティングの手法により、各企業は製品・サービスの特性や便益性を追求し、これをブランドに反映させて差別化をはかってきた。企業はブランド力を向上させることにより、「①マーケティング効率の向上、②プレミアム価格が設定可能となり大きなマージンを得ることができ、③流通業者の強力が得やすく、④競争優位の源泉となる」[5]といった有効性を得るのである。だからこそ、マーケティング・マネジメントにおけるブランド戦略は重要

な役割を担ってきたのである。

　周知のごとく、近年では消費者の価値観が多様化している。そのため、特定のブランド名を見聞きしたときのイメージは受け手によってさまざまであるが、同一の製品・サービスのカテゴリーでは似通ったイメージが形成される。たとえば、あるブランド名から「安い」というイメージを受けたとしたら、買回り品や専門品の場合は「安い＝安っぽい、品質が劣る」と認識される可能性がある。しかし、最寄り品の場合は「安い＝良心的、値ごろ感」と認識されるであろう。さらに、特定のストア・ブランドに安価というイメージが定着した場合には、「他の店舗よりも安い」という消費者にとってのストア選択の尺度になり、そのイメージが集客力に繋がる。ストア・サービス・カテゴリーでは誰しも安さをプラス・イメージで解釈し、「あの店で購入した製品は安価なのに高品質」といったようにストアのイメージのみが形成され、メーカーのイメージは形成されない。同一メーカーのものであれば、どこのストアに陳列されていても品質は同等と消費者は認識しているのである。近年の、ディスカウント・ストア、リサイクル・ショップ、およびワンコイン・ストアの繁栄はその好例ともいえる。逆に、「高価」であれば専門品の場合「高級品、輸入品」、さらに「憧れ」といった情緒的要素も形成される。最寄り品の場合は、「贅沢、無駄遣い」とイメージされる可能性もある。

　また、ブランドに「安心、信頼」という要素は、いかなる製品・サービスのカテゴリーにも欠かせない要素であるが、誰にでも通じる価値である。そのため、この要素だけで競合ブランドとの差別性を打ち出すのが困難であるし、日本市場における企業の安心、信頼の訴求は当然のこととなっている。この要素を維持しつつも、「個人の要求に応じてカスタマイズされたサービス」が欲しいと考える消費者、サービス商品を「愛着または、ステータス」という要素で選択する消費者が多いのも現状である。そのため、伝統的なマス・マーケティングの手法を見直す必要がある。マス・マーケ

ティングは市場を単一のものとしてとらえ、製品の大量生産、大量流通、そして多額の広告投資を行い、新製品を次々と開発してきた。そのやり方こそが誰にでも通じる価値やブランド・イメージを創り出しているといえる。戦略の核心が「万人向け」であると、愛着やステータスといった情緒的イメージを消費者に植え付けるのは難しいし、消費行動を喚起するのも困難である。すなわち、製品の品質改良や付加価値により競合企業との差別性を打ち出す努力がなされても、万人向けのイメージがコモディティ化してしまい、消費者にとってどのブランドも似たり寄ったりと思われてしまう。

　そこで、情緒的イメージを定着させるため、近年ではメディア戦略とは異なった形で、人物を「総称ブランド」として創造するプロモーション戦略が無視できなくなっている。この総称ブランドとは、ターゲットとされた個々の受け手に抽象的な人物イメージを与えるために創り出される。

　日本市場においては「セレブ、アスリート」[6]が代表例である。セレブはセレブリティ（celebrity）の略で、元来は著名人や名士を表す用語で特別な権力、財力を持つ人々、あるいはそのグループのリーダーを表現した。日本では、「金持ち」、「憧れの人」、「優雅な人」、および「知的な人」といった意味合いで解釈され、受け手によりさまざまなイメージを醸し出すが、欧米にはその名詞自体には金持ち、優雅等の意味はない。一方、アスリート（athlete）は英語で競技者の意味である。しかし、総称ブランドとしては、一流スポーツ選手を示す言葉であり、プロかアマチュアの区別もなくオリンピック選手を指すのか、世界選手権の出場選手を指すのかといったレベルの定義もなされていない。二つの用語に共通して考えられることは、意味が曖昧なため受け手により、解釈が拡大され、あくまでも抽象的なイメージでしかないということである。

　戦略として重要なのは、抽象的イメージであるがゆえに製品・サービスのカテゴリー概念を超えられるということである。当然、日本の場合、誰

しもが知る有名タレントや一流スポーツ選手、ジャーナリスト等がプロモーション戦略により「セレブ、アスリート」として広告塔となり、さまざまな製品・サービスを消費者に推奨することになる。しかし、消費者自身は特定の個人にはなれないことに気付いている。すなわち、「憧れの人に少しでも近付ける」、および、当該消費者が「目標・理想とするイメージのタイプはこの人だ」ということをプロモーションにより訴えているにすぎない。憧れの人が使用する製品を使い、いつも利用している同等のサービスを消費し、行き付けのお店で購入したいという欲求を消費者に喚起するのである。これは、経験という概念を価値として消費者に提供している。すなわち、企業側は当該消費者が憧れとする人物のブランド経験をイメージさせるコミュニケーションを行うことで、購入意欲を喚起しているのである。広告塔となった人物はさまざまな製品カテゴリーのものを消費するし、高価なサービスを利用することもあれば安くて安心のサービスを推奨する可能性もある。換言すれば、口コミとして消費者にこれらの情報が到達することになる。したがって、総称ブランドはカテゴリー概念の枠を超えて機能するのである。既存のブランド戦略が、「競合企業との差別性」を打ち出すための戦略であったために、カテゴリー概念を超えられなかったことと、大きく変化している。なお、総称ブランドの概念図を図5-2に示す。

　バーンド・H・シュミット（Bernd H.Schumitt）は今日、ブランド化されるのは製品や企業だけではなく、芸術家、ビジネスマン、スポーツ界の有名人といったさまざまな個人が、経験価値型ブランディングの手法を補完していると主張し、彼らは自分たちをブランド化し、自分たちの名前を見ただけで、消費者がその作品を買いたいと思うようなさまざまな価値を提供したいという見解も紹介している[7]。シュミットの見解におけるこの場での有名人は、ロジャース（Rogers, E.M）の新製品普及過程の研究における革新的採用者[8]としてとらえることができるのであろうか。顧客を開

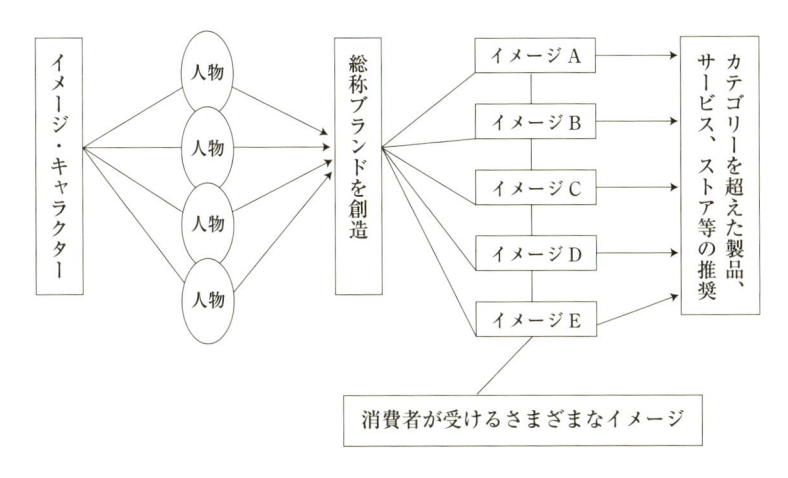

図5-2　総称ブランドの概念図

拓するという観点では、総称ブランドとしての人物と役割は同じである。しかし、彼らは既存のイノベーターやオピニオン・リーダーの研究と同次元で論じるべきではない。なぜなら、ライフサイクル上の導入期に認知度を高め、製品の試用の場を設け顧客を開拓することに重点が置かれるこの研究は、製品コンセプトに合わせた戦略であるため、同一カテゴリー内でのイノベーターにすぎない。

　インタラクティブ・マーケティングにおいてはカテゴリーの概念を超えて、経験価値をいかにマネジメントさせていくかが鍵になる。なぜなら、経験価値が消費者に感動や共感を与えるのであるなら、情緒性のものが重要となり、それは製品やブランドの機能や便益性で構成されるものではない。それは、消費者の生活に深く企業側が入り込んだ対話により初めて構成される。後述により、それを検討する。

第3節 ■ インタラクティブ・マーケティングにおける経験価値の重要性

　既存のマーケティング戦略や広告コミュニケーション論は、ブランド・イメージを定着させることに主眼を置いてきた。つまり、自社ブランドと競合ブランドのイメージに差を付けるための観点だけで考察され、ブランド経験の要素が抜けているのである。そのため、ブランド・イメージさえもコモディティ化してしまうのである。現に、新製品として市場に投入される時点でコモディティとして消費者にとらえられることを企業は想定していない。つまり、それらの多くは連日、マスメディア広告によって当該のブランド・イメージを定着させようと戦略がねられている。その意味では、明らかに市場導入の時期は、他企業の競合製品と差別化をはかって成立するマーチャンダイズ（Merchandise）製品であるのは上述のごとくである。
　また、本章第2節-2で考察したイメージ定着のための人物は、以前にも広告の中には登場している。たとえば、米国のタバコのリーディング・ブランドである「マールボロ」は、永年に渡って放映されたテレビCM、荒野の夕暮れに立つ、カウボーイ、そして流れる「マールボロ・カントリー」という語りによってそのブランド・コンセプトを確立した。荒野の夕暮れでのタバコの一服は清涼剤であると同時に、毎日大都会の殺伐とした社会で働く人々にとっての癒しの一服である。その状況をカウボーイという人物像に反映させて、スモーカーたちにイメージさせているのである[9]。しかし、これは消費者に対しブランド・イメージをより強力に定着させ他の製品との差別性を打ち出すことには成功したが、同一製品のカテゴリーのみに成立する。なぜなら、タバコを好む男性に対しての受容されるイメージ訴求であるため、他の製品カテゴリーには応用が効きにくい。あくまでも「男性的イメージ」の訴求であり、総称ブランドがその役割として担う、イメージの分散がなされない。

また、誰しもに受容される価値を創造することは、マス・マーケティングの役割であり、インタラクティブ・マーケティングで検討すべきではない。なぜなら、万人向けのイメージ要素を統計的に分析することは、定量的に消費者をとらえるにすぎないからである。ブランド・イメージの核心が「万人向け」であるとすれば、その企業は消費者にとって代替可能となる。すなわち、当該企業が提供するサービスが代替可能ではなく、消費者に与えるブランド・イメージが競争によりコモディティ化している状況になる。逆に、「個人の要求に応じてカスタマイズされたサービス」が欲しいと考える消費者、サービス商品を「愛着または、ステータス」という要素で選択する消費者が多いのは上述のごとくである。
　この愛着、ステータス等はサービスの質や既存のブランド機能で構成されるものではなく、消費者の生活や経験といった情緒的・経験的な価値がポイントとなると思われる。この価値を消費者に訴求して、定着したブランドが差別優位性を勝ち取ることができるとしたら、いかなる戦略策定が必要であろうか。まず、消費者の生活における当該サービス商品、ブランドの意義を問うことから始めなくてはならない。そのためにはやはり、カテゴリーの概念を除去する必要がある。
　既存のマーケティング戦略におけるカテゴリー・マネジメントは、メーカーと流通業者の協力によって消費者の購買意欲を喚起することに重点が置かれていた。そもそも、カテゴリーの意味自体は、範疇あるいは部類といった意味である。マーケティングの観点からカテゴリーを考察すると、製品というものは個々に独立して市場を形成しているのではなく、いくつかの製品が同時に一つの需要を満たしている場合があり、一つ一つの製品も顧客が何らかの必要性や目的に従って購買されているという分析になる。したがって、カテゴリー・マネジメントとは店頭において、顧客の消費場面の想定から製品をグループ分けし、陳列や管理を行う技法のことであり、小売業が卸売業者やメーカーの協力を受けて、特定カテゴリーの収益を最

大化することを目的としている。

たとえば、ある顧客がパンを購入するのが朝食のためであるなら、同時にバターやジャム、あるいは牛乳やコーヒーが求められるケースが想定できる。また、コンピュータ機器であれば、パソコンにプリンター等のさまざまな周辺機器を隣接して陳列し、関連購買を促すことも可能となる。すなわち単品を重視するのではなく、顧客のニーズに合った製品配置を意識して、カテゴリーとして売れる状態にすることを念頭に置くのである。こういったとらえ方で売り場を構成すれば、適切なタイミングで、適切な場所（売場・棚）に適切な価格で製品を提供することができる。また、顧客側にとっても見やすく、買いやすい売場になるので関連製品の必要性を思い出し、製品の探索が容易になる。当然、売り手にとっても需要の維持や開拓が期待できるのである。

しかし、このカテゴリー・マネジメントは消費者の情緒的・経験的な価値を念頭に置いてはいない。あくまでも関連商品群としてカテゴリー分けをして、双方の売上、購買を効率的にしようというものである。

このことは、製品のカテゴリーとサービスのカテゴリー概念を分けて考えると、理解が容易であると思われる。まず、製品においては上述のように狭義の製品カテゴリー、関連商品群カテゴリーと競争に焦点をあてるのではなく、情緒的・経験的価値を念頭に置くのである。バーンド・H・シュミットは次のように提唱している。それは、シャンプー、シェービングクリーム、ドライヤー、香水というように個別の製品群で考えない。その代わり「バスルームの身だしなみ用品」とこれらをとらえ、このような消費状況に適する製品は何か、どうすればこれらの製品、パッケージング、事前に接触する広告が消費経験を強化することができるかを自問するものである[10]。

また、無形のサービスを例にとれば、上述でも示したディズニーランドが典型であろう。ディズニーランドはオープンさせる際に「娯楽における

新しい経験の提供」というコンセプトで価値を表現した。単なる娯楽のためのサービスでは、いずれ競合のテーマ・パークとコモディティ化に陥りかねない。実際、そこで誰しも写真を撮るのはアトラクションを楽しむだけでなく、一緒に時間を過ごした家族や友人と思い出を共有するためである。まさに、経験という価値を明確に志向したビジネスを展開しているのである。

　ところが、多くの企業のマーケティング戦略はカテゴリー概念を中心に考察している。市場をセグメンテーション（segmentation）し、消費者をターゲティング（targeting）した上で、自社商品をポジショニング（positioning）するという、いわゆるSTPの戦略である[11]。これは伝統的な手法であるが、特定のカテゴリー市場における競争企業を中心に考察されている。換言すれば、消費者行動や市場の隙間を見極める手法は、あくまでも企業側から見たものであり、情緒的・経験的価値を見出すものではない。実際に当該サービスを自分自身の生活の中において、いかなる意味を持っているかという消費者の観点が抜けている。上述のごとく、消費者の観点はカテゴリー概念を超越したところにある。

　したがって、今後はブランド・コミュニケーションの方法も転換を余儀なくされるであろう。大量の広告費を投資し、広範に渡るプロモーション戦略によって、ブランド名を消費者に認知させるだけではブランド力の構築にはならないのである。なぜなら、ブランドが認知され何らかの要素がイメージされたとしても、ブランド・イメージを高めるためには消費者の期待に応えなくてはならない。それを遂行すべき手段は、ブランドを通して経験価値を提供しなくてはならないのである。したがって、今後の企業は、消費者の観点を取り込むためにも、生活経験の中で、消費者にどのような意味付けをするのかを検討するべきであろう。消費者のインタラクティブな関係の中で、初めてそれは見つけ出され、結果として競争上の差別優位性が確保できるのではないだろうか。

■ 注
1）コーヒー豆の事例に関しては、Pine II and Gilmore（1999）岡本・小高訳（2005）pp.10-11参照。
2）雨宮（2002）pp.145-147参照。
3）この件に関しては、青木・恩蔵編（2004）p.205を参考にした。
4）「ゲスト」「キャスト」および「テーマ・パーク」については、Pine II and Gilmore（1999）岡本・小高訳（2005）p.13を参照した。
5）雨宮（2001）pp.145-147参照。
6）この件に関しては、『語源由来事典』 URL: http://gogen-allguide.com/ 平成18年11月3日アクセス、を参考にした。さらに、松村明編（2006）『大辞林　第三版』三省堂、「アスリート」は p.46、「セレブ」は p.1414を参考。および、堀内克明監修（2006）『カタカナ外来語・略語辞典　改訂版』自由国民社、「アスリート」は p.22、「セレブ」は p.343を参考。
7）Schumitt（1999）嶋村・広瀬訳（2000）p.81
8）Rogers（1962）宇野善康監訳（1981）pp.234-236参照。
9）和田（2002）p.172
10）Schumitt（1999）p.47
11）この件に関しては、石井（2006）を参考にした。

■ 参考文献
青木幸弘・恩蔵直人編（2004）『製品・ブランド戦略』有斐閣アルマ
雨宮史卓（2001）「産業構造の変化とブランド概念の進展」『マーケティング流通戦略』白桃書房
雨宮史卓（2002）「ホスピタリティ・マネジメントとマーケティング・マネジメントの比較研究Ⅰ」『HOSPITALITY』（第9号）、日本ホスピタリティ・マネジメント学会
雨宮史卓（2005）「製品コンセプトの拡大と広告プロモーション」『マーケティング論概説』記録舎
雨宮史卓（2007）「ホスピタリティ・マネジメントにおける経験価値の一考察」『HOSPITALITY』（第14号）日本ホスピタリティ・マネジメント学会
雨宮史卓（2008）「企業と消費者を結ぶインタラクティブ・マーケティング」『コミュニケーション・マーケティング』白桃書房
石井淳蔵『消費者の生活に深く入りこむ「経験価値マーケティング」』President Online http://www.president.co.jp/pre/20060130/002.html（平成18年12月1日アクセス）

『語源由来事典』　URL: http://gogen-allguide.com/（平成18年11月3日アクセス）

寺田信之介編著（1998）『マーケティング』日本実業出版社

長沢伸也編著（2006）『老舗ブランド企業の経験価値創造』同友館

宮澤永光・亀井昭宏監修（2003）『マーケティング辞典』（改訂版）同文館出版

堀内克明監修（2006）『カタカナ外来語・略語辞典』（改訂版）自由国民社

松村明編（2006）『大辞林』（第三版）三省堂

和田充夫（2002）『ブランド価値共創』同文館出版

Bernd H.Schumitt（1999）"*Experiential Marketing*"嶋村和恵・広瀬盛一訳（2000）『経験価値マーケティング』ダイヤモンド社

B.Joseph Pine II and James H.Gilmore（1999）"*The Experience Economy*"岡本慶一・小高尚子訳（2005）『経験経済　脱コモディティ化のマーケティング戦略』ダイヤモンド社

Kevin Lane Keller（1998）恩蔵直人・亀井明宏訳（2000）『戦略的ブランド・マネジメント』東急エージェンシー出版部

Rogers, E.M.（1962）"*Diffusion of Innovations*"宇野善康監訳（1981）『イノベーション　普及学入門』産業能率大学出版部

第6章

製品ライフサイクルと
ブランド・ライフサイクル

第1節 ■ 製品の基本的概念と類型

1 製品の基本的概念

　製品計画がなされ、ヒット商品へと導くために、製品戦略は欠くことができない。消費者が製品を求める際には、単にその物理的な構造物を購入しているわけではない。製品にとって、その基本機能が果たす効用やベネフィットだけではなく、そのブランドやスタイル・デザイン等がもたらすイメージさえも重要な要素である。したがって、情報化社会において、多彩なニーズを持つ豊かな消費者の発想をいかに反映させた製品を開発していくかが企業にとって大きな課題となる。

　本章では、企業が競争相手の製品に対して、いかに自社の製品に独自の特徴を持たせ、消費者にそれを認識させ、市場の確保、拡大を目指しているのかという戦略を製品ライフサイクルとブランド・ライフサイクルの概念を比較しながら考察する。まずは、製品の基本的な概念を検討する。

　製品とは、消費者が購入することによってニーズを満たすものであり、企業にとっては利益を生み出してくれるものである。消費者から支持される製品、つまりヒット商品を開発するためには、消費者の多彩なニーズをいかに製品戦略に反映させるかが、重要なテーマとなる。製品は基本的機能だけ備わっていればよいわけではない。むしろ、企業はいかに競合製品

と差別化をはかるかという付加機能で勝負しているといっても過言ではなく、マーケティング力が発揮されるのは、スタイル・デザイン、ブランド名などの製品の物理的機能に関係ない製品イメージの領域である。このことは、第1章第1節-1における「製品＝基本機能＋付加機能」の公式が成立するという検討でも明白である。また、コトラー(Philip Kotler) も「製品は、ニーズとウォンツを満足させるため、注目、取得、使用、消費を目的として市場に提供されるもの」[1]と定義している。

したがって、企業側だけの立場では最終的に消費されることを目的としているが、消費者は製品自体を消費して使用することを望んでいるのではない。製品を取得することによって、基本機能に付随しているさまざまな役割や便益性（製品ベネフィット）を求めているのである。このことを考慮すると製品とは、消費者のニーズやウォンツを満たすことを前提として市場に導入されなければ成立しないといえる。

2 製品の類型

製品は、さまざまな特徴や物理的特性を持ち合わせている。そのため、マーケティングの実務上では次の三つによって分類され戦略の方法も変わってくる。

(1) 物理的特性による分類

① 耐久財

比較的長期間にわたり使用できる製品である。例としては家具、家電製品、自家用車、寝具等があげられる。何回も買い替えをするものではないので、その品質保証やアフターサービス、配送サービスなどが重要となる。

② 非耐久財

食料、洗剤、石鹸、文具品などの日用品がそれにあたる。使用期間が比較的短く、何度も買い替えをするものであるから、店頭シェアの確保や継

続的なプロモーション戦略が重要となる。
　③　サービス
　交通手段、医療、運送、レストラン、ホテル等、無形で取引されるために、いったん消費されると返品や修正ができない。なお、サービスの特徴については第7章で後述する。

(2)　使用目的による分類
①　消費財
　一般の個人消費を目的に売買される製品を指す。消費者は必ずしも当該の製品・サービスに深い知識を持ち合わせているわけではないので、ブランドが持っているイメージが重要となる。不特定多数を相手にするので、マス・マーケティングが重要である。
②　生産財
　生産者が顧客に提供する製品やサービスを創造するために購入する製品を指す。工作機械やフォークリフトがわかりやすい例であろう。
　同じ製品でも使用目的によって、消費財にも生産財にもなりうる点に注意が必要である。たとえば、シャンプーという製品を個人の目的で消費したら、それは消費財になるが、美容室がシャンプーをまとめて購入した場合、それは顧客に洗髪する目的で購入されるので生産財となろう。いずれにせよ、購買先が専門知識を持っているので、マス・マーケティングの対象になりにくい。そのため、信頼性を基盤とした、メンテナンス・サービスや品質保証が重要となる。

(3)　消費者の購買行動による分類
　生産財以外の製品は消費財になるので、これらを四つに分類する。なぜなら、一口に消費財といっても数えきれなく存在するのが現状であるため、それぞれの特徴に見合ったマーケティング戦略が必要である。

第6章　製品ライフサイクルとブランド・ライフサイクル　　83

① 最寄り品

消費者が計画的に購入しようとしない製品である。例としては、タバコ、コーヒー等の嗜好品や雑誌、インスタント食品があげられる。頻繁に購買する製品であるが、消費者自身、当該の製品がなくなってから初めて店舗へ向かうので、常にどこでも買えるような状況下になくてはならない。すなわち、コンビニ、スーパー、駅の売店等、消費者の手元に置いておく流通戦略が重要である。

② 買回り品

消費者が製品の品質や機能、デザインを複数のメーカーの中から比較検討して購入される製品である。家電製品、家具、衣料品などがそれにあたる。したがって、価格と品質のバランスが重要で、ブランド名を消費者に認知させることが課題となる。たとえば、家電製品を購入しようとしている消費者は、家電小売店が多数存在する商業集積地へ出向いて、価格、品質、ブランドといった三つの要素を比較検討して製品を選択することになる。

③ 専門品

購入しようとする人たちの趣味・嗜好、知識、およびそのブランドに対する情報などが大きく反映される製品である。宝飾品、高級自家用車、高級ワインなどがそれにあたる。製品単価は高く、最寄り品とは対照的に店舗数も限られている。しかし、そのことでかえって希少性が増し、購買者は計画的にその製品を求めて、どこへでも出向く傾向がある。専門品として当該の企業が競争優位を得るためには、品質はもちろんブランド力を確立することが条件となる。

④ 非探索製品

消費者にはあまり知られてなく、情報も少ない商品である。供給者側から積極的に働きかけなければ購入を計画されることがない。生命保険や健康器具がその典型であり、直接、消費者側へ訪問することが中心となるが、

最近では通信販売に頼るケースもある。

第2節　■　製品ライフサイクルとブランド・ライフサイクルの比較

1　製品ライフサイクルとその各段階の戦略

　人間の一生に寿命があるように製品にも寿命がある。この寿命とは、ある製品の市場における売上や利益がいつまで継続するかというビジネス上のことである。そのような製品の一生の変遷を一般的に製品ライフサイクル（product life cycle：PLC）という[2]。ライフサイクルを考察することは、製品戦略を行う際に大きな意味がある。当該製品のライフサイクルがどのようになるかを予測することで、その製品の特徴が明確になり、他企業との競争にも大いに役に立つ。売上高の時間推移や競争状態の違いに基づき、①導入期、②成長期、③成熟期、④衰退期の四つの段階に分けて考えることができる。

（1）　導　入　期

　製品が初めて市場に導入された段階である。通常、いかなる製品も消費者には認知されていない時期なので、売上高は低い状態である。メーカーとしては製品ブランド名、製品機能等に対しての消費者認知度を高めるために、広告活動やサンプル配布を行う。このようなコストや研究開発費が掛かるために、この段階では利益はほとんど発生せず、いわば先行投資の時期である。

　そのため、積極的なプロモーション活動を行って、新製品の存在、製品用途、利点などとして潜在顧客に情報として与えることと、適切な価格設定が今後の当該新製品の将来を担うことになる。

(2) 成 長 期

　導入期の広告効果が現れ、製品の認知度が高くなり、チャネル体制も整うので、製品が消費者に行き渡る。したがって、評価が高まるので売上高が急速に上昇する。また、製造段階において操業効率が高まり、製造コストが低下した結果、利益率も上昇する。

　しかしながら、当該製品の市場の可能性を見込んで競合企業が参入してくる時期でもある。特に、先発企業の製品がヒットすると後発企業の参入が相次ぎ、競争が激しくなってくる時期でもある。後発企業は、先発企業が多大なプロモーション・コストにより当該製品の存在や用途を顧客に認知させているために、プロモーション・コストを先発企業よりもあまり投入しないで、参入に成功する場合もある。したがって、自社製品の指名買いを促進できるようなプロモーション活動や新市場の探索が必要となり、競争企業に対して確固たるポジショニング優位の確立を目指す。

(3) 成 熟 期

　当該製品がある程度市場に行き渡ると、需要が飽和状態に達し、売上高自体は高いものの、伸び率が鈍化する段階に入る。競合企業との価格競争が激しくなり、企業の利幅は薄くなる。この時期は製品をリニューアルしたり、買い換え需要をターゲットにするなど新市場を模索する必要がある。

　さらに、製品の本来の機能ではない付加機能で競争する場合もある。たとえば、携帯電話の基本的機能は相手と通話をするというコミュニケーション機能であったが、競争が激しくなると、メール機能、カメラ機能を導入し、さらにインターネットを検索できたり音楽を鑑賞できたりと、本来の機能以上のものが付加されている。

　また、製品とは異なるが小売業態にもこのライフサイクルはあてはまる。たとえばコンビニエンス・ストア（CVS）が好例である。CVSとは本来、「アメリカから導入された新しい小売業態の一つで、消費者への便宜性を重視

し、住宅地に至近な立地、最寄品を中心とした日用品の幅広い品揃え、長時間営業、親密な接客応対」3) などが特徴である。しかし、多数の企業が先発の「セブン・イレブン」に続き参入すると、日用品の品揃えにとどまらず、銀行 ATM 機の導入、宅配サービス、公共料金の支払い、チケットの予約等の多岐に渡るサービスを行っている。

(4) 衰退期

製品のニーズがなくなり、売上高も利益も急激に下降線をたどる段階である。市場が冷え込むわけであるから、常に市場からの撤退と新製品開発を視野に入れながら、マーケティング活動を進めていく必要がある。

また、同じ製品用途の代替製品が市場に導入されたことが原因で、衰退する可能性もある。たとえば、レコードはその典型である。レコードの製品用途とは、「音楽を鑑賞する」ことがその中心であるが、CD、MD、MP3といった同じ製品用途のものが次々登場し、すでに衰退期にある。今やレコードは、一部の人に対するニッチなマーケットとなっている。さらに、上述の携帯電話の普及率上昇により、家庭での固定電話は衰退期に突

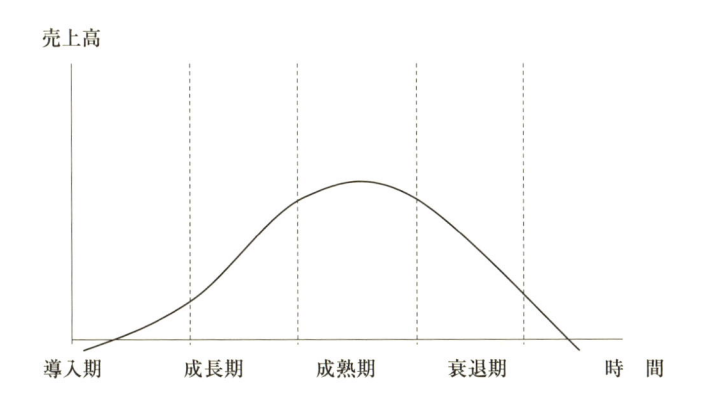

図6-1 製品ライフサイクルの概念図

入しているといえる。なぜなら、携帯電話も固定電話も本来の用途は通話することであり、通勤や通学のために一人暮らしを始める人の固定電話設置率は年々、低くなっている。

　マーケティング上ではこれら四つの段階に応じた政策をとることになる。ライフサイクルは基本的に図6-1のような曲線を導入期から衰退期まで描くことになる。ライフサイクルの一生は製品やサービスの種類によって、その周期は当然、異なる。何十年というロングセラー商品もあれば、数ヶ月という短いものもある。さらに、すべての製品が、全段階を通過するとは限らない。製品によっては、市場導入後、わずかの期間で市場から姿を消すものもある。

2　ブランド・ライフサイクルのとらえ方

　ところで、現在、日本市場に存在する多くの製品が成熟期にあるといえる。多くの家電製品は、モデル・チェンジや新機能やデザインの付加で買い替え需要の促進に励んでいるし、日常、頻繁に買い足される洗剤でさえも、コンパクト化や洗濯機自体の機能の進歩に合わせた新しいタイプのものを導入している。また、モバイルオーディオにおけるウォークマンはカセットテープから、CD、MD、MP3といった用途は同じでありながら、新たなラインが時代のニーズに合わせて導入され、主導のラインが転換しながら多様化をはかっている。

　このように意図的に企業が消費者に対し、既存製品を陳腐で古いものと意識させ、新たな製品の買い替えを促す戦略を「計画的陳腐化」と呼んでいる。この戦略には技術革新により新機能を追加して機能面を陳腐化させるものと、スタイル、デザインおよびパッケージ等を陳腐化させるものなどがある。前者の例としてはAV関連機器やパソコン市場が好例であり、後者の例としては、家電製品や車の市場がそれにあたる。スタイルやデザインの面から陳腐化を試みると結果的にセカンド・マーケット（中古市場）

を育成することにもなる。輸入車ディーラーの認定中古車市場や、近年、繁栄してきた高級衣服のリサイクルショップはこういった戦略のためである。

　実際に売れるかどうかはわからない新製品に多額の開発費や広告費をかけて市場に導入するよりも、すでに浸透している製品ブランドを活性化させた方が企業にとってリスクが少ない場合もある。換言すれば、確立された同一ブランド名の下でモデル・チェンジや製品ラインを拡張することで多様化をはかり、ブランドをロングセラー化することでライフサイクルを延長（エクステンション）することができる。したがって、この考えが成功すれば、成熟期の段階で新たなサイクルが登場することになる（図6-2参照）。上述のように製品ライフサイクルには衰退期がやってくるが、メーカーの主体的な意思と適切な戦略があればブランドを維持拡大し、ロングセラー化が可能となり衰退期の到来を防ぐことができる。このように、新たな製品投入には多くのコストが掛かるため、メーカーとしては少しでもリスクを避けるため、既成の製品ブランドのライフサイクルを延長しようと試みる。これをライフサイクル・エクステンションという。このライフサイク

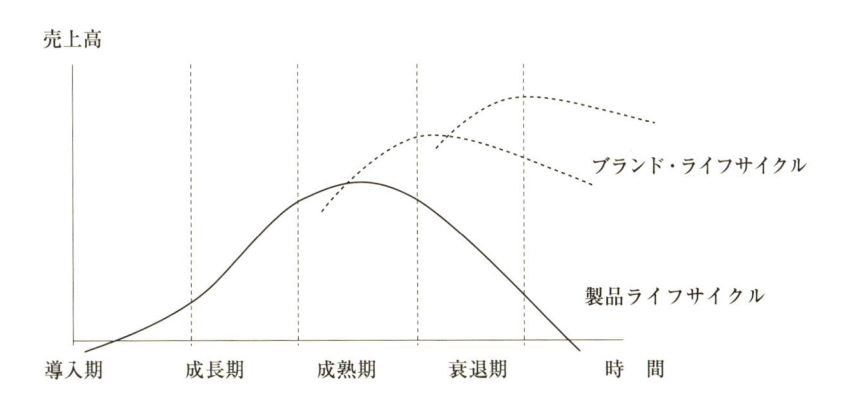

図6-2　ブランド・ライフサイクルの概念図

ル・エクステンションは、ブランド・ライフサイクルを考察する上で重要な要素となる。

しかし、マーケティング・マネジメントにおけるライフサイクルの考え方は、製品単位とブランド単位を同次元でとらえるのが通常である。その代表的な議論として、コトラーはすべての製品が、同一のライフサイクルをたどるわけではなく、発売後すぐに消える製品もあれば、長期間成熟段階にとどまる製品もあるとしている。また、製品ライフサイクルの概念は製品クラス、製品フォーム、ブランドに適用することができるとしている[4]。製品は上述の4段階からなるライフサイクルと考えられてはいるが、確かに、技術により製品新化のスピードが速いコンピュータ等の関連市場においては、短期間にライフサイクルが変化するパターンも見受けられる。

しかし、製品とブランドのライフサイクルは明確に区別する必要があると思われる。なぜなら、成熟・衰退期に入って企業戦略により製品が活性化される場合は、ブランド拡張やポジショニングの変更などによるあくまでブランドの範疇によるものがほとんどだからである。現に、ブランドが企業にとって最も価値ある資産であるということが認識されるにつれ、多くの企業は自社の持つ既存のブランド・ネームの下で多岐に渡る新製品を導入し、その資産を活用するようになってきている。ケラー（Keller,K.L.）は企業が新製品を導入する際、ブランド化の方法には次の三つの選択肢があるとしている[5]。

① それぞれの新製品に固有の新ブランドを開発する
② 既存ブランドの一つを何らかの方法で適用する
③ 新ブランドと既存ブランドを組み合わせて使用する

ケラーの指摘するブランド化の方法からも理解できるように、製品形態は進化を遂げ、使用機会が変更されても同一ブランド内で製品多様化を推進し成功を収めている場合や、ブランド特有のイメージや名声を利用して

新製品を導入しているのが通常である。ケラーの調査によればほとんどの新製品はライン拡張であるとしている。それによると、1990年に米国で導入された製品の63%はライン拡張であり、18%はカテゴリー拡張である[6]。このことを考慮すると、製品ライフサイクルの概念とともに、ブランド・ライフサイクルの概念を新たに創出する必要があるのは明白である。

　新製品を導入することは企業の中・長期的な戦略にとって不可欠である。しかし、当該製品に付与されるブランドはターゲットとする消費者や市場の動向に大きく左右される。したがって、製品ライフサイクルの各段階での戦略がそうであるように、ブランドをロングセラー化するためのライフサイクルも各段階によって異なったマネジメントが必要である。当該ブランドが浸透したら、その受容層を見極めて新たな受容層の発掘や拡大およびブランド拡張の判断を各段階で行うことが必要となる。

　ところで、ブランドのライフサイクルは製品ライフサイクル上の成長期まで同様な曲線を描くことになる。なぜなら、製品がある程度浸透していかないと、ブランドの浸透もありえず、成長期から競合企業による後発ブランドが進出してくるからである。したがって、新製品が受容され認知されるかどうかの時期に、当該ブランドを拡張することはありえない。そして、成熟期においてブランド拡張等の戦略が成功すると新たな曲線が描かれることになり、たとえ製品が衰退を見せても他の製品カテゴリーで同一ブランド名が生き残るのである。換言すれば、浸透した既存ブランドが新市場へブランド・マネジメントの成功により進出する可能性があるのである。以下は製品ライフサイクルの通常のパターンを元にブランド・ライフサイクルにおける成長・成熟段階の戦略を提示する。

3　ブランド・ライフサイクルにおける成長期・成熟期の戦略

　まず、成長段階では顧客が当該製品の便益を認知するために急激に売上が伸びる段階であり、同時に競合企業が参入してくるために導入期とは異

なった目的のプロモーションが必要となる。その目的とは、当該ブランドの特徴を顧客側に認識させ確固たるブランドのポジショニングを確立することである。ここで重要な要素となるのが、第3章第2節-1で考察した認知的不協和の概念である。この理論は、人が意思決定する際、頭の中に起こる不安な気持ちと、それを解消しようとする努力に関するものであった。したがって、顧客が消費行動において意思決定をする際に、当該ブランド選択の正当性を広告に委ねることになる。なぜなら、広告の主な役割は購買行動を喚起させるためのものであるから、不協和を買い手に認識されることは決して謳われていない。そのため、不協和を軽減させるために当該の広告に注目するのである。この段階での受容層はイノベーターの影響を受けた初期採用者であり、比較的規模の大きな顧客層となる。そのために、代替ブランドに対し顧客が選考したブランドに対する不協和を解消することが望まれる。

　ダンカンとモリアルティ（Tom Duncan & Sandra Moriarty）は、あるブランドが顧客を獲得したということは、その顧客の「買ってもよいと思うブランド」のリストに加えられたにすぎないため、顧客を維持するためにこのリストから自社ブランドを消されないように努力しなくてはならないとしている。また、顧客である期間が長いほど、プレミアム価格を支払う可能性があるので、顧客一人あたりの利益は、関係が長いほど大きくなるとしている[7]。したがって、製品の場合と異なり、ここでのプロモーションは新規顧客を相手にするわけではなく、不協和が生じている顧客に対してブランド選考の正当さを提示するのである。プロモーション・コストではあるものの、始動コストとは異なり企業と顧客を結ぶ相互のコミュニケーションが必要となる。

　同時に、製品ライフサイクルではこの成長期に市場での確固たるポジショニング優位の確立を念頭に置かなければならなかったが、ブランド・ライフサイクルにおいては、この段階で顧客の選定が可能となる。この場

での顧客とは、自社製品を購入する人々という観点だけでとらえるのではなく、企業の提供するブランドを受け入れ長期的な関係を構築できる人々としてとらえる。すなわち、企業と相互的コミュニケーションを長期継続できる対象者として顧客をとらえるのである。当然、企業努力にもかかわらず認知的不協和が解消されずにブランド・スイッチする顧客は当該のブランドのターゲットからは外れることになる。

　既存の研究ではブランド力を構築する方法論に重点が置かれていた。しかし、ブランドとは顧客が多数存在して、初めて相対的なブランド価値が向上する。顧客がブランド価値を認め、長期にわたり購入してこそ企業は安定する。したがって、ブランドを顧客に提供して効率的に売上・利益を拡大するものとしてとらえるのではなく、企業と顧客が共通の価値観を共有する対象としてブランドをとらえるべきである。成長期はブランド選択の正当性を認識させることが当該ブランドのポジショニングを確立し、競合他社との差別性を出す有効な手段であると思われる。

　次に成熟期であるが、当該のブランドが成熟期を迎えるということは、ブランドの価値を顧客が認めていることを意味し、それを所有している企業は競争優位の源泉を得ていることになる。なぜなら、成熟期にある製品カテゴリーの中でも勝ち残っているのは特定のブランドしか存在しないのは周知のごとくである。このことを踏まえて、第2章で考察したブランド・エクイティの概念とブランド・アイデンティティの概念に再び注目してみたい。成熟期にあるブランドはブランド・エクイティを構築している証であり、この資産を利用して、ブランド拡張やライン拡張ができるか否かが問題となるからである。したがって、アーカー（D.A.Arker）の議論はこの場でも避けて通ることができないと思われる。

　ブランド・エクイティとブランド・アイデンティティの議論はすでに検討済みなので、この場では割愛するが、ブランド・アイデンティティはあくまでもブランドを提供する企業が追求する概念である。したがって、顧

客と企業の相互関係を基盤としたコミュニケーションを確立するためには、ブランド概念の応用なしにはありえない。ブランド・アイデンティティはその確立の方向が不鮮明であると明快なブランド・イメージを顧客が認識することができない。なぜなら、ブランドとは、顧客に対して、ある製品を特定の売り手が提供しているものと認識させる意義を担うため、どのようなイメージを受けるかにその本質が問われる。換言すれば、企業の課題は、どのような価値を提供する売り手かをブランドを通して顧客に認知してもらうことにある。認知を目的とするには、単なる企業名やブランド名の認知とは異なり、長期間にわたって関係構築が企業と顧客の中で成立しないと不可能となる。

　上述のことを考慮すると、ブランド・アイデンティティは当該ブランドが新製品として新市場に導入される際に顧客に対して立案されるものであるが、成長期において不協和の解消のためにさまざまなコミュニケーションがブランドを通してなされ、その後、アイデンティティが確立されることになる。したがって、ブランド・アイデンティティの本質が問われるのは、成熟期においてであり、コンセプトは変更していく可能性があるので

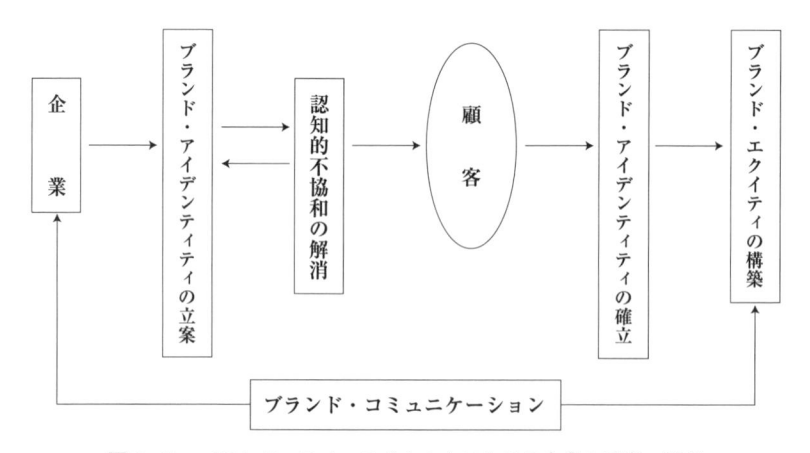

図6-3　ブランド・ライフサイクル上における企業と顧客の関係

ある。すなわち、ブランド・アイデンティティは顧客に対しての立案と確立は分けて考えるべきであり、成熟期において確立されるものであり、ブランド・エクイティの構築とともにアイデンティティが確立されていなければブランド拡張は不可能となる。

　逆にこの段階で、明確なブランド・アイデンティティが確立できれば、たとえ製品が衰退期を迎えていてもブランドとしては、さらに上昇する可能性もある。具体的には、「企業が新製品導入の際に、すでに確立しているブランド・ネームを用いる」ブランド拡張や、「親ブランドと同一製品カテゴリー内で、新しい市場セグメントをターゲットとして新製品をブランド化する際に親ブランドを用いる」ライン拡張がブランド・ライフサイクル上で、より強固な戦略となるのが明確である。さらに付け加えると、「異なる製品カテゴリーへ参入する際に親ブランドを用いる」カテゴリー拡張も可能となる[8]。いずれの拡張にしても企業と顧客を結ぶブランド・コミュニケーションとしてライフサイクル上で考察しなくてはならない。いかに企業と顧客が相互にブランド・アイデンティティを確立していくかに掛かっている。したがって、企業から立案されたブランド・アイデンティティが相互に顧客というフィルターを通して、ブランドが確立され、結果的にブランド・エクイティがもたらせるということになる。

　このように、ライフサイクルをブランド概念としてとらえると、企業と顧客は、より長期的に相互関係を樹立できることになる。製品の機能を購入するのはもとより、ブランドの信頼を同時に購入している図式がロングセラー化とともに可能となる。ロングセラーは一つの製品カテゴリーにとどまらず、あらゆるカテゴリーに適切なマネジメントによって可能となる。なお、ブランド・ライフサイクル上における企業と顧客の関係概念図を図6-3に示す。ライフサイクルを考慮すると、第2章の図2-2に若干の変更が必要となる。

第6章　製品ライフサイクルとブランド・ライフサイクル

■ 注
1）Kotler（1991）村田監修（1996）p.412
2）製品ライフサイクルの議論については、Kotler（1984）宮澤・十合・浦郷共訳（1990）pp.274-282、および、Kotler（1991）村田監修（1996）pp.312-313を参考にした。
3）久保村・荒川監修（1997）p.104
4）Kotler & Armstorong（2001）和田監訳（2003）p.422参照。
5）Keller（1998）恩蔵・亀井訳（2000）p.515
6）Keller（1998）恩蔵・亀井訳（2000）p.515参照。
7）Duncan and Moriaity（1997）有賀訳（1999）p.68参照。
8）Keller（1998）恩蔵・亀井訳（2000）p.516参照。

■ 参考文献
雨宮史卓（2001）「産業構造の変化とブランド概念の進展」『マーケティング流通戦略』白桃書房
雨宮史卓（2001）「ブランドの価値と創造的可能性」『マーケティング・ソリューション』白桃書房
雨宮史卓（2004）「製品戦略」『経営学検定試験公式テキスト④　マーケティング』中央経済社
雨宮史卓（2005）「ホスピタリティ・マネジメントにおけるブランド・ライフサイクル」『HOSPITALITY』（第12号）日本ホスピタリティ・マネジメント学会
雨宮史卓（2008）「消費者の購買行動の変化とブランド・マーケティング」『コミュニケーション・マーケティング』白桃書房
久保村隆祐・荒川祐吉監修（1997）『最新商業辞典』同文舘出版
出牛正芳編著（2004）『マーケティング用語辞典』白桃書房
服部勝人（1996）『ホスピタリティ・マネジメント』丸善
宮澤永光・亀井昭宏監修（2004）『マーケティング辞典』同文舘出版
和田充夫（2002）『ブランド価値共創』同文舘出版
D.A.Arker（1991）"Managing Brand Equity: Capitalizing on the Value of a Brand name" 陶山計介・中田善啓・小林哲訳（1994）『ブランド・エクイティ戦略』ダイヤモンド社
D.A.Arker（1996）"Building Strong Brands" 陶山計介・小林哲・梅本春夫・石垣智徳訳（1997）『ブランド優位の戦略』ダイヤモンド社
D.A.Arker & Erich Joachimsthaler（2000）"Brand Leadership" 阿久津聡訳（2000）『ブランド・リーダーシップ』ダイヤモンド社
Faquhar, P.H.（1989）"Managing Brand Equity" 青木幸弘訳（1993）「ブラ

ンド・エクイティの管理」『流通情報』流通経済研究所

Jay Curry and Adam Curry (2000) *"The Customer Marketing Method"* 藤枝純教監訳 (2001)『カスタマー・マーケティング・メソッド』東洋経済新報社

Kevin Lane Keller (1998) *"Strategic Brand Management"* 恩蔵直人・亀井昭宏訳 (2000)『戦略的ブランド・マネジメント』東急エージェンシー出版部

Philip Kotler (1984) *"Marketing Essentials"* 宮澤・十合・浦郷共訳 (1990)『マーケティング・エッセンシャルズ』東海大学出版会

Philip Kotler (1991) *"Marketing Management"* 村田昭治監修 (1996)『マーケティング・マネジメント』(第7版) プレジデント社

Philip Kotler & Gray Armstorong (2001) *"Principles of Marketing, Ninth Edition"* 和田充夫監訳 (2003)『マーケティング原理』(第9版) ダイヤモンド社

Tom Duncan & Sandra Moriaity (1997) *"Driving Brand Value"* 有賀勝訳 (1999)『ブランド価値を高める統合型マーケティング戦略』ダイヤモンド社

第7章

サービスに対するブランドの役割

第1節 ■ サービスに対する消費者行動

1 消費行動と購買行動

　消費者行動は大別して消費行動と購買行動に分かれる。消費行動と購買行動を総称して消費者行動とするのが一般的である[1]。前者は、購買前の所得の消費への配分に関する意思決定を含み、商品の購買計画、購買、購買後の使用、保管、廃棄等の一連の過程を指す。これに対して後者の購買行動は、消費者が自身のニーズを認識し、その目的を達成するために情報を入手し、ブランド等を比較することによって、より良い製品やサービスを入手する過程が主な分析の対象となる。
　消費行動と購買行動の主体は、同一でない場合もありうる。たとえば、家族でパソコンを購入した場合、購買行動の主体は両親を中心とした大人であるが、インターネットの端末として使用するのか、ゲームを楽しむために使用するのかを決定するのは、子供の可能性もありうる。また、18歳未満の子供を持つ家族が車を購入する場合、消費行動の主体は当然両親であるが、どの車種を選択するのかといった購買行動においては広告やトレンドに敏感な子供の意見に大きく左右されるケースもありうる。
　とりわけ、生産者や流通業者は、製品やサービスの売上に直接関わる購買行動に関心が高い。そのため、主流をなす消費者行動モデルの研究は、

ブランド選択を消費者の問題解決あるいは意思決定過程としてとらえる見方が有力である。ブランド選択に関わる意思決定過程を、①問題認識、②情報探索、③代替案評価、④選択・購買、⑤購買後評価、といった五段階に区分し、それぞれの段階における情報処理の内容や理論の解明への取り組みがなされてきた[2]。すなわち、消費者はブランド選択を行い、ニーズが充足されるブランドを購入することによって、問題を解決すると考えられている。

　この五段階のプロセスは消費者が問題を認識することから始まる。問題認識とは消費者がそのとき感じる理想の状態と現実の状態が異なる場合に生じる意識のことである。毎日使用する歯磨き粉が切れたり、車の年式が古く調子が悪くなったりとかが例えられる。消費者は現在の状態から望ましい状態に移行するために、新たな製品やサービスを購入して少しでも望ましい状態に近付けようとする。当然、それぞれの消費者にとって、このギャップは異なる。新車が欲しいと思っても、修理に出して我慢しようと思えば現在の状態と理想の状態とのギャップは少ないと想定されるが、消費者が意識しないように努めても、広告を見ただけで当該車が購入したくなったり、友人の所有する車より自分の車の方が遥かに劣ると思える状況は、そのギャップが大きいといえる。したがって、現実の状態と理想の状態のギャップが消費者の中で許容範囲であると、次の段階へ進む可能性は低く、逆に許容範囲外であると購買意欲が高まり、次の段階へ進む可能性が大きい。そのため、プロモーションの役割も消費者の、理想と現実のギャップを拡大させることも一つの役割である。たとえば、新車のテレビCMは「現在、貴方が所有している車より、このCMで映っている車の方が良いですよ」と訴求しているのと同じ意味になる（図7-1参照）。

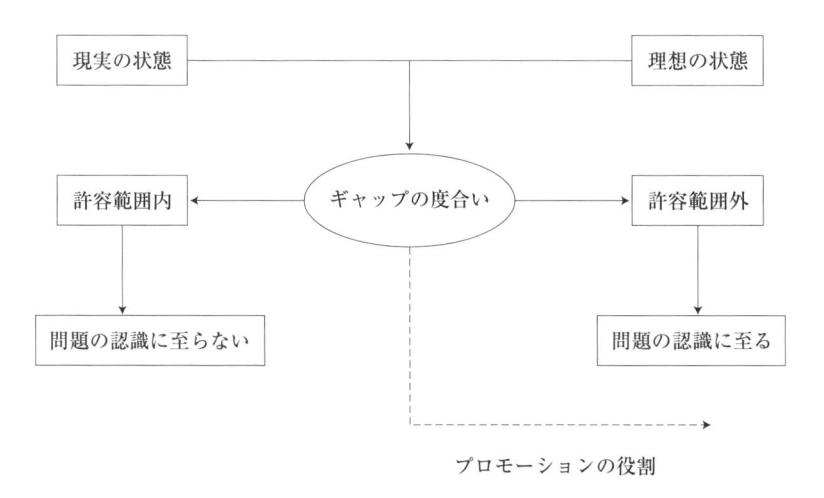

図7-1 問題認識の生起過程

出所：杉本徹雄編著（2007）『消費者理解のための心理学』福村出版、45頁を参考に加筆・修正。

　消費者は購買意欲が高まると情報探索を始める。自分の過去の購買経験を思い出したり、友人・知人の口コミを頼るのも情報探索活動の一つである。車のような高価格商品であれば、テレビCM、新聞、専門雑誌、インターネット等で詳細な情報を集めるであろうし、販売店で試乗もするであろう。また、嗜好性の高い商品であれば購入時期にかかわらず、継続的に情報探索をしている消費者も多いため、いざ購入するときはこの時間が非常に短くてすむことになる。

　次に情報の探索が終わると、情報探索過程で得たいくつかの代替案を評価することになる。代替案評価は個々の消費者ニーズに基づいて、各ブランドの長所・短所を考慮し、どの選択が有利なのかを消費者なりに評価する。製品ブランドの評価とともに店舗（ストア・ブランド）の評価も行われる。ストアごとの価格の比較はもちろん、店員のサービス、ストアの雰囲気や商品構成もストア・ブランド選択に大きく影響を与える。とりわけ、フー

ド・サービスにおいてはこのストア・ブランドの要素が消費者行動に大きく影響する。ヨーロッパの高級ブランドに代表されるような製品の場合は、どこの小売店で購入したかということよりも、メーカーがどのブランドかということが消費者心理の中にイメージとして定着する。したがって、自分の欲するブランドであったら、当該製品をどこの小売店で購入したかということは、ギフト以外では重要ではない。このことは近年、リサイクル・ショップの繁栄の一因でもある。しかし、フード・サービスの場合、食品メーカーや提供されるメニューの製造者は消費者心理には意識されず、「あの店のメニューはおいしかった」とか「サービスが上質であった」といったようにストアのブランド名だけが定着する。食品は製品と同様に有形ではあるが、売物が規格化されておらず消費者の要求によってカスタマイズされた無形の活動であるととらえられるために、食品という製品を上質なサービスで包んで提供されたものに消費者は評価を下すのである。なお、有形・無形の検討は次節で詳しく行う。

このように、消費者は代替案の評価に基づいて競合するブランド間で選択を行い、どこの店舗で購入するかというストア・ブランド選択を行う。さらに、車であれば当該車種のモデル選択も行われ、日常品であれば購入する数量や利用頻度の検討により選択がなされ、最終的な購買の意思決定に至る。

消費プロセスの最後の段階が、購買後の商品評価である。具体的には、購入された商品がどのように使用され、消費者の生活の中でどのような意味を持っているのか、購入した商品に対して満足しているのか、不満足であるのかという購買後の評価を意味する。さらに、製品を保管したり、破棄したり、リサイクルに活用したりする選択行動も含む。ここで企業は消費者からの満足が得られなければ、リピーターを獲得するのが難しくなる。そのため、消費者と継続的な相互関係を結ぶ努力も企業は必要となる。消費者に満足を与えるとともに、消費者をリピーターとして維持していく努

力も重要である。

　しかしながら、すべての購買行動が上述のプロセスをたどるわけではない。高額で購買リスクの高い商品であれば、情報探索や代替案評価に長期間を要するであろうし、日常品であれば買い置きがなくなったことに気付いて買い物に行くため、情報探索もせいぜいチラシ等の広告を見て各店舗の価格を比較するぐらいであろう。さらに、買い慣れたブランドであるという理由だけで選択する消費者もいるであろうし、衝動買いの場合は五段階のプロセスをたどらずに購買が完了する。したがって、この五段階のプロセスは、あくまでも複雑な消費者行動をとらえるための手掛かりとして考えられている。

2 消費者行動における、商品と製品・サービスの違い

　現代では消費者の価値観が多様化しているのは周知の事実である。そして、個々の消費者にとって適正な価格の商品が必ずしも自分に相応しい商品とは限らないという認識も深まっている。そのため、自分が本当に求める製品やサービスを、自らの基準で選択して購入するという、選択的消費行動をとる人が多数となっている。たとえば、高級車でディスカウント・ストアへショッピングに出向く消費者も数多く存在する。また、自分たちが高く評価するサービスを購入するために製品への支出を倹約する傾向もある。さらに、サービスを売るために製品を無償で提供する企業も見受けられ、携帯電話はその典型的な例である。したがって、この場では複雑な消費者行動を理解するためにも、商品と製品あるいはサービスの違いを明確にする必要がある。現に、この章においても商品という言い方をする場合もあれば、製品という場合も多数ありうる。

　ところで、マーケティング・ミックス（Product Price Place Promotion）における製品（Product）の要素はメーカーの発想で、サービス業ならば製品の代わりにサービス（Service）になるのは当然のことである。メーカーの

場合、製品という具体的に形あるものを消費者に提供している。しかし、サービス業の場合、製品（有形財）と異なり、無形であるがゆえに概念規定が難しい。たとえば、タクシーや電車に乗るということは目的地に着くまでの移動するためのサービスを消費していることになり、美容室へ行って髪を切る場合は、その無形の活動に対して対価を支払っていることになる。

　コトラー（Philip Kotler）は、サービスを「サービスは、基本的に無形かつ所有の対象とならないものを提供する活動である。物理的な製品と結びつけて提供される場合もある」[3]と定義している。すなわち、サービスとは、サービスの提供者が利用者に対して提供できる満足や便宜を与える諸活動を意味していることになる。後半の物理的な製品と結び付けて提供されるものの典型的な例としては、車があげられる。車の販売店にしてみれば、製品自体はもとより、消費者の評価対象となるすべての要素を製品とともに提供している。販売員の製品知識や接客態度、アフターサービス等がそれにあたる。

　有形である製品が市場で飽和状態になり、品質面でもブランド間に差がない現代においては、サービスで差別化をはかり、他社より優位に立つことが競争上では重要なポイントとなる。そのためには、いかに消費者のニーズに適合したものを商品として提供できるかにあるが、有形・無形にかかわらず、時代背景や消費者ニーズによってこれらが変革していくのは、紛れもない事実である。企業の技術力に差がない状況下では、上述のごとく形ある部分で差を付けるのが困難なため、多種多様なサービスが出現する。スポーツクラブや美容サロン、各種代行サービスなどは無形であるサービスそのものを商品として成立させ、消費者に提供している。問題なのは、何が商品として成立するかという規定の整理である。

　商品と製品・サービスの違いを示す明確な定義は見当たらないが、一つの目安となるのがマーチャンダイジング（merchandising）の概念である。

製品は有形であるために、考察しやすいが、単に工場で生産されたものが製品であり、店頭に並びパッキングされたものが商品と規定されるわけではない。一般的に「商品」といわれるものは、消費者に対してニーズがあり、商取引の対象となるものすべてを指す。たとえば、近年の女性の社会進出が増加したことから家事代行サービスという業務が発展している。通常、主婦の家事労働は取引がなされないので、商品にはなり得ないが、そこに確実に消費者側にニーズがあり、代行業者がサービスを提供して、取引が成立すればそれは、「商品」である。また、ある人が飲食店でアルコール飲料を飲んだ場合、帰宅の際に自分所有の車の運転を代行業者に依頼した場合は、「商品」であるが、友人や家族が迎えにきた場合は、商品として成立しないことになる。したがって、医療、教育、コンサルタント業務などのサービスも無形ではあるが消費者のニーズを満たして取引が成立しているので商品である。

　マーチャンダイジングは端的には商品化という意味である。AMA（American Marketing Association）の定義によればマーチャンダイジングを「適正な商品を、適正な場所で、適正な時期に、適正な数量を、適正な価格で、マーケティングすることに関する諸計画である」としている。つまり、企業が創造した製品・サービスを、独自の計画の下、①場所、②時間、③数量、④価格、この四点を管理するのがマーチャンダイジングだという考えである。

　例をあげれば、同じ食品であっても消費者の味覚の嗜好は地域によって違うので、適正な場所や季節を考慮して調理しなくてはならない。また、衣料ではターゲット別に売れ筋のサイズ、デザイン、カラーの製品を中心に仕入れて、シーズンオフには各社ともセール期間を設けて割引販売されている。また、季節や場所に関係なく日ごとに売れ行きに違いが出てくる製品もある。ビニール傘はその典型である。予測なく突然雨が降り出した日は、人が集まる駅周辺等の売店で、多くのビニール傘を店頭に並べ、適

正価格で販売すれば多くの消費者にとって重宝である。しかし、天候のよい日あるいは、天気予報が「午後からの降雨率が高い」と判断した日はいくら安価な価格で提供しても誰もビニール傘に見向きもしないであろう。

なお、③数量の部分はサービスの場合は、当該業務の遂行に要した時間人員数が価格算出の基本となる。上述の家事代行サービスでいえば、その家の敷地の大きさによって、家事に費やされる時間は異なるであろうし、雇う人員を増やせば効率的に少ない時間で、依頼された業務が達成できることになる。

このように企業が想定した消費者ターゲットの基準を見極め、①場所、②時間、③数量、④価格を管理したもの、つまりマーチャンダイジングが遂行された製品・サービスが消費者に受け入れられる商品として成立するのである。

3 サービスの特徴

サービスは多くの場合、直接に顧客に働きかける活動であるために、その品質は製品のように客観的に比較して優劣をつけることが不可能な場合が多く、どちらかといえば主観的な側面が重要となる。またコトラーは、人間をベースとするか設備をベースとするか、対人か対物か、対個人サービスか対事業所サービスか、営利か非営利か、あるいは公的サービスか私的サービスかの類型も多岐に示している[4]。したがって、サービスとは個人や組織を対象として何らかの価値を生産して活動し、提供あるいは働きかけることであると理解することができる。

ところで、サービス産業を考察する場合、ホテル、旅館、あるいはレストラン等を中心とするフード・サービス産業は、その特徴を分析しやすい好例であるが、顧客はこれらのサービスに対して、支払い前に自分で比較や評価をすることは困難である。その場、その時の体験を通して初めてサービスの質が評価できるからである。そして、標準化しにくいのもサービ

スの大きな特徴である。同じレストラン内でも店員の知識や経験の差によってメニューの説明にも差が出てくるであろうし、性格の違いなどによっても顧客が受ける印象は違ってくる。しかも、そこでの体験は一過性のものであるから、満足を得られなくては、その店舗や場所を二度と訪れなくなる。

　また、製品は生産されて顧客に消費されるまでに、時間的に大きな差がある。在庫可能の製品であれば、夏季に生産された製品を冬季に販売することもできる。また、適正なマーチャンダイジングにより、顧客セグメント別に売れ筋商品をあらかじめ分析することも可能である。しかし、サービスは生産と消費が同時に行われている状況にある。たとえばタクシーや電車などの輸送のサービスは、企業は顧客が目的地に到着するための手段としての、輸送というサービスを生産していて、同時に顧客はそのサービスを消費しているのである。このように生産と消費が同時であるために、企業の経営のトップは、サービスが行われている現場に介入できない場合も多い。したがって、サービスの質をいかに管理するかは、大きな課題である。いずれにせよ、上述の例からも明白なように、サービスを生産する単位が人であることが中心なので、提供されるまでのプロセスを左右する組織の理念や価値観および経営方針、従業員の行動がサービスの生産に大きな影響を及ぼし、これらの要素を包括した関連性がサービスの質に依存してくる。

　主なサービスの特徴は下記のようになる。

・無形性

・事前評価が不可能

・標準化しにくい

・一過性

・生産と消費の同時性

第2節　■　サービス産業とストア・ブランド

1　サービス産業におけるブランドの役割

　上述のことを踏まえた上で、製品におけるブランドとストア・ブランドの比較を試みたいと思う。とりわけ、フード・サービスにおいてはこの二つのブランド性が明確になる。製品ブランドの場合、ヨーロッパの高級ブランドに代表されるように、どこのメーカーの製品かが消費者にとっては重要となる。自分の目当てのブランドであれば、どこのストアで購入したかはあまり問題とはならない。これに対して、食品は「あそこの店のメニューはおいしかった」、「あの店の肉は新鮮だった」等、食品メーカーやその製造者は消費者に意識されず、ストアの名前のみが支配している状況にある。現にスーパーやCVSは食品の領域で製販同盟を通じて事実上、惣菜、中食の食品製造業を系列化している。プライベート・ブランド（PB）製品は、ストアの信頼を基盤として開発されており、PB製品のほとんどがストアの名称を付けて陳列されている。消費者はメーカーのブランドよりもストアの信頼を購入している状況にある。すなわち、製造業からの発想であった元来のブランド・マーケティングのコンセプトをフード・サービスにおいては修正を試みなくてはならない。そのため、サービス産業におけるブランドの役割をストア・ブランドとして考察することが有効である。

　ところで、コトラーは製品を「製品は、ニーズとウォンツを満足させるため、注目、取得、使用、消費を目的として市場に提供されるもの」と定義するとともに製品の次元を図7-2に示すように五つに分けている[5]。

　コトラーの主張によれば、最も基本的次元は中核ベネフィットである。ホテルは客に「休息と眠り」を提供し、口紅は女性に「希望」を提供する。

　次の次元は、一般製品であり、製品の基本的形を指す。たとえば、ホテ

```
         潜在的製品
       拡大された製品
      期待された製品
       一般製品
      中核ベネフィット
```

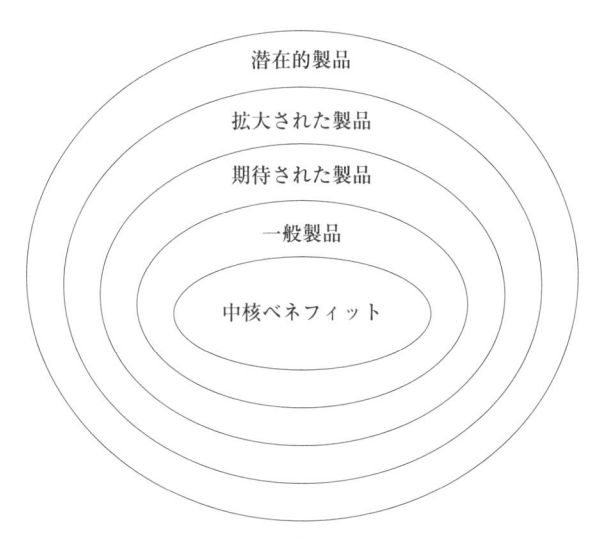

図7-2　製品の5次元
出所：村田昭治監修（1996）『マーケティング・マネジメント』
（第7版）プレジデント社、413頁。

ルのフロントと客室からなる建物を持つということである。

　第三の次元は、買い手が購入するとき期待する属性と条件の組み合わせである期待された製品である。ホテルの客は、清潔なベッド、石鹸とタオル、電話、浴室とトイレ、そしてある程度の静けさを期待している。

　第四の次元は、ある企業の提供を競争企業から差別化できるような付加的なサービスとベネフィットを含む拡大された製品である。ホテルの場合、テレビ、きれいな花、チェック・インとチェック・アウトの早さ、おいしい食事、ルームサービスなどがある。

　第五の次元は、その製品の将来のあり方を示す潜在的製品である。コトラーの主張では、現在の競争は第四の次元で行われているとされているので、この研究をフード・サービスに当てはめてみるのが有効であると思われる。

　まず、中核ベネフィットであるがフード・サービスにおいては食を提供

するシステムということになる。高級レストランであれ、中食を提供するコンビニエンス・ストアであれ消費者のニーズに合った多様な食品と食材の対応をはからなくてはならない。

　一般の製品の次元においては食品そのものの味覚、量、メニューの豊富さ等があげられる。このことは生鮮食品を例にあげると理解しやすい。生鮮食品は味と鮮度が重要であり、消費者にブランドが意識されることは少ない。鮮度の良い食品は消費者にその価値を提供しているけれども、ブランドとしてではなく、消費者は「あの店で買った食品はよかった」といったストアの良否を意識していることになる。

　第三の次元は店員の態度、店舗の雰囲気・インテリア、立地条件等といったものがフード・サービスにおいても味覚やメニューのような基本的機能とは別次元のものがあげられる。

　そして第四の次元が製品においては、競争企業から差別化できるような

(同心円図：外側から)
- ストアの名前
- 店員の態度、店舗の雰囲気、立地条件
- 食品の味覚、量、メニュー
- 食を提供するシステム
- 消費者の購入動機となる情報
- 食品を評価する尺度

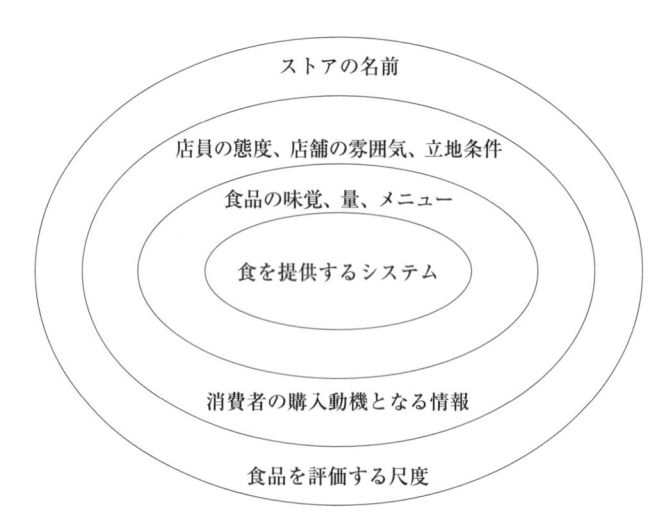

図 7-3　フード・サービスにおけるブランドの次元

出所：村田昭治監修（1996）『マーケティング・マネジメント』（第 7 版）プレジデント社、413頁を参照して作成。

付加的なサービスとベネフィットであるなら、フード・サービスにおいてのそれは、消費者の購入動機となるものを提供する情報である。周知のごとく製品ブランドはパッケージ、ネーミングおよび広告の訴求内容が消費者の購入動機の一要素となっている。同様に食品もコシヒカリや和牛などは地域名をブランドに変えることで成功している。特に、品質評価の高い産地の和牛肉は、小売店での段階では超有名な産地の牛肉として、販売されるケースが非常に多い。本当に超有名な銘柄を購入するときは、有名なデパートにテナントとして入っている、牛肉販売店や昔からの老舗で購入することになる。そういった店での、超有名銘柄和牛肉の価格は非常に高い。すなわち消費者は産地が記されている情報をもとに、食品の価値を見出し、ストアの名前によって食品の評価を判断するケースもあるのである。

このようにフード・サービスにおけるブランドは上述の四つの次元が統合されてブランド化されていることになる。フード・サービスにおいてはストア性が重視されてくるのがよく理解できる。同様にフード・サービスにおけるブランドの次元を図7-3に示す。

2 ストア・ブランドの重要性とその構成要素

現在、わが国においては、テレビやラジオのCMを中心としたマス媒体がブランド・ロイヤルティの創造に大きな役割を果たしてきたのは紛れもない事実である。そのために、小売業は消費者の認知度の高いブランド品さえ、品揃えをすればある程度の売り上げが期待できた。

しかし、それぞれの小売店側がストア・ロイヤルティの構築を中心にマーケティング活動をしているかには疑問が残るのが現状である。つまり、消費者は、目的のブランドが購入できるのであれば、どこの小売店でも買ってもいいと思うのか、特定の小売店で購入したい、あるいはその小売店で推奨されたものを購入したいと思うのかは大きな違いである。

ブランド・ロイヤルティとは、通常はナショナル・ブランド（NB）に対

する信頼度の表れというように、理解されている。それはメーカーに対する消費者の信頼感を基礎にして、製品が購入されていることを意味する。すなわちアーカーの指摘したように、顧客がブランドに対して有する執着心の測度であり、ブランドに対する信用によって顧客の製品購買時のブランドに対する「こだわり」が生じ、ブランド・ロイヤルティが形成される。ブランド・ロイヤルティが確立することにより、顧客・消費者を自己の製品に固定化させることができる。

これに対して、店舗への信頼度がある。これはストア・ロイヤルティといわれている。「文字どおり、お店に対する信頼感によって、製品が購入されている」6)ことである。このことは以前までは、各店舗固有の問題とされてきた観があるが、多店舗化、事業多様化といった小売競合が一段と厳しくなっている以上、特定の店舗というよりも特定の小売企業に対する固定客を作る必要性が高まってきていると思われる。もっとも固定客という表現は小売側からのとらえ方であり、消費者側から見れば当然、ストア・ロイヤルティという表現になる。

この場合のロイヤルティとはそのお店の販売している製品の質の良さだけではなく、サービスのよさ、店舗の雰囲気、立地条件等、さまざまな要素から構成されている。このストア・ロイヤルティを基盤として、ジェネリック・ブランド（GB）製品が開発されたのである。特別のブランドを付けなくても、店舗の総合的な力に対する消費者の信頼感によって、製品が購入されていることを基盤にしている。PB製品も、このストア・ロイヤルティの延長線にあるということができる。

ところで、アーカー（D.A.Arker）の指摘するブランド・エクイティの構成要素には、第1章第1節-2での考察のように、ブランド・ロイヤルティの他に知覚品質、ブランド連想、ブランド認知など五つの要素が含まれていた。これらを統合したブランド・エクイティを高めることによって企業はさまざまな有効性を得ているのである。したがって、食品におけるス

トア・ブランドを考える場合、同様に五つの要素を検討する必要がある。食品をPBおよびNBの概念としてだけではなく、ストア・ブランドとしてとらえなくてはならない。アーカーが指摘したブランド・エクイティをストア・ブランドとしてエクイティを考える場合、下記のような意味合いに構成要素を検討する必要があると思われる。

① ストア・ロイヤルティ（各顧客に対する立地条件の優劣度および営業時間の優劣度）

② ストア名の認知（チェーン店、系列店等による多店舗化による認知）

③ 知覚品質（商品の持ち運びの利便性、および店舗の雰囲気・清潔感、サービスの優劣）

④ ストア・ブランド連想（既成の店舗の評判および、広告・プロモーションによる連想）

⑤ その他の所有権のあるブランド資産

以前、学生を対象にアンケート調査を行い食品の消費行動を分析したところ、いかなる小売業態でも食材や味覚以上に利便性や立地条件を重要視する結果が得られた[7]。特にCVSを多く利用する学生が顕著であるのも、上述の五つの要素を他の店舗業態よりも満たしているからだと思われる。いったん、消費者に当該のストア・ブランドが定着し、そのストアに入店すると、製造業のブランドは排除され、食品のみならず別の製品カテゴリーへもそのストア・ブランドを目指して購入する可能性も出てくる。そのため食品メーカーはそれぞれの店舗業態に対する異なったマーケティング戦略を行う必要もある。たとえば、CVSにおいては、陳列や品揃えの変更などにより利便性や簡易性を中心に製品の訴求を行い、スーパーにおいては広告の変更、低価格の訴求などにより店舗自体の知名度をあげ、その店舗でしか購入できない差別性を訴求する方法などである。

■ 注
1）この件に関しては、杉本編（2007）p.11を参考にした。
2）意思決定過程の五段階に関しては、平久保（2007）pp.18-19および、宮澤・亀井監修（2003）p.130を参考にした。
3）Kotler（1991）村田監修（1996）p.433
4）Kotler（1991）村田監修（1996）p.433参照。
5）Kotler（1991）村田監修（1996）pp.412-413参照。
6）梅沢（1991）p.141
7）このデータに関しては、雨宮（1999）「フード・サービスとストアブランド・エクイティ」を参照。

■ 参考文献

雨宮史卓（1999）「フード・サービスとストアブランド・エクイティ」『日本フード・サービス学会年報第4号』日本フード・サービス学会

雨宮史卓（2004）「ホスピタリティ・マネジメントとマーケティング・マネジメントの比較研究Ⅲ～顧客の概念を中心に～」『HOSPITALITY』（第11号）日本ホスピタリティ・マネジメント学会

池ノ内直隆・池内俊文（2001）『ネット消費者心理のつかみ方』中央経済社

梅沢昌太郎編著（2001）『マーケティング流通戦略』白桃書房

梅沢昌太郎（1998）『ザ・テキスト農業マーケティング』㈳全国農業改良普及協会

梅沢昌太郎（1991）『食品のマーケティング』白桃書房

杉本徹雄編著（2007）『消費者理解のための心理学』福村出版

竹村和久編（2006）『消費者行動の社会心理学』北大路書房

平久保仲人（2006）『消費者行動論』ダイヤモンド社

宮澤永光・亀井昭宏監修（2003）『マーケティング事典』（改訂版）同文館出版

Philip Kotler（1991）Marketing Manegement: Analysis, Planning, Implementation and Control, Prentice Hall 村田昭治監修（1996）『マーケティング・マネジメント』（第7版）プレジデント社

【著者紹介】

雨宮史卓（あめみや・ふみたか）

日本大学通信教育部　教授
1999年3月　日本大学大学院商学研究科博士後期課程　満期退学
1999年4月　日本大学商学部商学研究員としてワシントン州立大学へ留学
2000年4月　日本大学短期大学部商経学科　専任講師
2004年4月　同　　　　　　　　　　　　　助教授
2007年4月　同　　　　　　　　　　　　　准教授
2009年4月　同　　　　　　　　　　　　　教授
2013年4月　日本大学短期大学部ビジネス教養学科　教授
2016年4月　日本大学通信教育部　教授
主な著書『マーケティング流通戦略』（共著　白桃書房）
　　　　『マーケティング・ソリューション』（共著　白桃書房）
　　　　『コミュニケーション・マーケティング』（共著　白桃書房）
　　　　『マーケティング論概説』（共編著　記録舎）
　　　　『経営学検定試験　公式テキスト4　マーケティング』
　　　　　（共著　中央経済社）
　　　　『経営学検定試験　公式テキスト　試験ガイド＆キーワード集』
　　　　　（共著　中央経済社）
　　　　『経済と消費者』（共著　慶應義塾大学出版会）
　　　　その他多数

ブランド・コミュニケーションと広告

2009年2月10日第1版1刷発行
2018年11月12日第1版4刷発行

著　者─雨　宮　史　卓
発行者─森　口　恵美子
印刷所─新　灯　印　刷
製本所─グ　リ　ー　ン
発行所─八千代出版株式会社

〒101-0061　東京都千代田区神田三崎町2-2-13
TEL　03-3262-0420
FAX　03-3237-0723
振替　00190-4-168060

＊定価はカバーに表示してあります。
＊落丁・乱丁本はお取替えいたします。

Ⓒ 2009 F. Amemiya　　　ISBN978-4-8429-1467-1